MOEWIG
SACHBUCH

NOCKER · BARON · INZINGER

Schön und fit durch richtige SPORT ERNÄHRUNG

Von der deutschen Sporthilfe empfohlen

MOEWIG

MOEWIG Band Nr. 3199
Moewig Taschenbuchverlag Rastatt

3. Auflage

Lizenzausgabe mit Genehmigung des Ceres Verlages
Genehmigte Taschenbuchausgabe
Umschlagfoto:Bavaria/Christian Teubner
Fotos im Innenteil: C. P. Fischer
Umschlagentwurf und -gestaltung: Jürgen Schultz
Verkaufspreis inkl. gesetzl. Mehrwertsteuer
Auslieferung in Österreich:
Pressegroßvertrieb Salzburg, Niederalm 300, A-5081 Anif
Printed in Germany 1987
Druck und Bindung: Elsnerdruck, Berlin
ISBN 3-8118-3199-2

Inhalt

Vorwort

In unserer bewegungsarmen, technisierten Welt ist der Sport in seiner ganzen Vielfalt zu einer zwingenden Notwendigkeit geworden. Der Wert jeder körperlichen Bewegung kann deshalb gar nicht hoch genug eingeschätzt werden, er sollte jedoch gleichzeitig im Zusammenhang mit der richtigen Ernährung betrachtet werden, die in positiver wie auch negativer Hinsicht eine außerordentlich große Rolle spielt.
Wissenschaftliche Untersuchungen im Sport haben gezeigt, daß ein optimaler Erfolg des Leistungsstrebens – sei es im Breiten- oder Spitzensport – nur dann möglich ist, wenn Ernährung und Training sich stets sinnvoll ergänzen.
Von dieser Tatsache ausgehend, haben sich drei Männer, einer der bekanntesten deutschen Ernährungswissenschaftler und Sportmediziner, Prof. Dr. Josef Nöcker, Dr. Dieter K. Baron – ebenfalls Sportmediziner – und Max Inzinger, Deutschlands bekanntester und erfolgreichster Fernsehkoch, die Aufgabe gestellt, die Zusammenhänge zwischen körperlicher Leistungsfähigkeit und Ernährung deutlich zu machen.
Unser neues Kochbuch zeigt Ihnen auf verständliche Art und Weise, worauf Leistungsabbau zurückzuführen ist und wie man ihm mit auf die einzelnen Sportarten zugeschnittenen Speiseplänen begegnen kann.

Die richtige Ernährung des Sportlers

Es gibt keine allgemeingültigen Regeln, wie sich ein Sportler zu ernähren hat. Die optimale Ernährung richtet sich jeweils nach der Belastung, der sein Körper ausgesetzt ist und nach der Sportart, die er betreibt. Wichtig ist in jedem Falle, daß seine Nahrung alle Bedürfnisse deckt und folgende Grundbedingungen erfüllt:

1. sie muß einen ausreichenden Kalorienbedarf garantieren,
2. die notwendige Eiweißzufuhr decken,
3. die genügende Versorgung mit Vitaminen, Mineralien, Spurenelementen und anderen, vom Körper nicht herstellbaren lebenswichtigen Substanzen sicherstellen.
4. Ebenso wichtig ist eine schmackhafte und schonende Zubereitung der Nahrung beim Kochprozeß.

Um die richtige Nahrungsmenge ermitteln zu können, die der Körper nach besonderen Leistungen braucht, ist es sinnvoll, zunächst einmal die nachstehenden Tabellen miteinander zu vergleichen:

Täglicher Kalorienbedarf: Durchschnittswerte bei normaler körperlicher Aktivität (Food nutrition board, National Research Council)

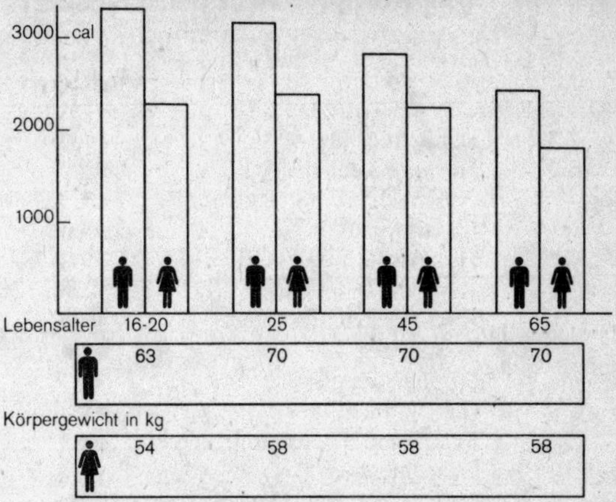

Kalorienverbrauch bei minimaler und maximaler Belastung pro Stunde, minimal (dunkel) und maximal (hell) (nach Nöcker)

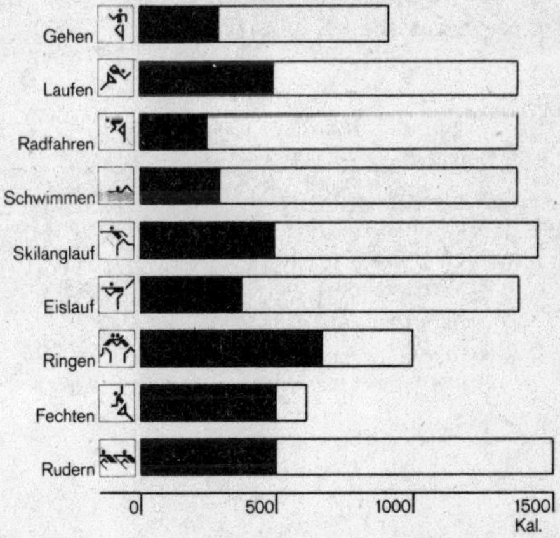

Kalorienverbrauch in verschiedenen Sportarten, bezogen auf 70 kg Körpergewicht (nach Nöcker)

		Mindestzahl	Höchstzahl
	Bei Körperruhe	1700	2200
Schnellkraftsportler	Kurzstreckenlauf	3000	4500
	Eisschnellauf (bis 1000 m)	4000	5000
	Eiskunstlauf	3500	4500
	Gymnastik	3500	4500
	Radsport Bahnfahrer	4000	5500
	Kurzstreckenschwimmer	4000	5500
	Skispringen	4000	5000
	Sprungdisziplinen (Leichtathletik)	4000	5000
	Mehrkampf (Leichtathletik)	4000	5500
Kraftsportler	Gewichtheben (je nach Gewichtsklasse)	3000	6000
	Stoß und Wurf (Leichtathletik)	4500	6000
Ausdauersportler	Mittelstreckenlauf	4000	5500
	Langstreckenlauf	4000	5500
	Skilanglauf	4000	5500
	Schwimmen 400–1500 m	4000	5500
	Radsportler (Straße)	4000	8000
	6-Tage-Fahren	5000	9000
	Spielsportarten (Fußball, Handball, Hockey, Eishockey, Wasserball, Basketball, Volleyball)	4000	5800
Kraftausdauersportler	Boxen	3000	5500
	Rennrudern	4500	7000
	Kanurennsport	4500	5500
	Skisport alpin	3500	5000
	Ringen	3000	5500
	Judo	3000	5500

Die Nährstoffe und ihre Bedeutung für den Körper

Da jede körperliche Leistung zu einem Energieverlust führt, muß der Sportler darauf achten, diesen wieder zu ergänzen, indem er das Gleichgewicht zwischen Energieausgabe und Energiezufuhr wiederherstellt. Stimmt dieses Gleichgewicht nicht, wird eigene Körpersubstanz in Energie umgewandelt, und das führt zwangsläufig zu einer Leistungsminderung. Auf längere Zeiträume gesehen, kann der Sportler daher immer nur so viel Arbeit leisten, wie er gleichzeitig an Energie – gemessen in Kalorien bzw. Joule – aufnimmt. Die in unseren Nahrungsmitteln enthaltenen Nährstoffe werden im Körper in ihre Bestandteile zerlegt. Erst dadurch wird es möglich, daß sie die Darmwand passieren und in den Organismus gelangen. Dabei werden die Kohlenhydrate in Glukose, Fructose und Galactose umgewandelt, die Eiweiße in Aminosäuren und die Fette in Glycerin und freie Fettsäuren. Aus diesen chemischen Verbindungen werden körpereigene Substanzen aufgebaut und im Stoffwechsel entweder in Energie umgesetzt oder gespeichert. Die Kohlenhydrate werden als Glykogen im Muskel und in der Leber gehortet, die Fette im ganzen Organismus, vor allem im Unterhautfettgewebe. Das Eiweiß dient zum Ersatz von Körpersubstanz, besonders zum Aufbau des Muskelgewebes. Es ist außerdem für den Aufbau und die Aktivität der Fermentsysteme, die den Stoffwechsel und damit das Leben überhaupt ermöglichen, unentbehrlich. Die Umwandlung der Nährstoffe in mechanische Energie oder Wärme erfolgt in stufenweisen Abbauprozessen, die von bestimmten Wirkstoffen – Fermenten oder Enzymen – gesteuert werden.

Kohlenhydrate als leicht verwertbare Brennstoffe

Kohlenhydrate sind die vom Organismus am leichtesten zu verwertenden Brennstoffe. Zu ihnen gehören u. a. alle uns bekannten Zuckerarten wie Traubenzucker, Fruchtzucker, Rübenzucker und Stärke, aber auch die vom menschlichen Körper nicht verwendbare Zellulose. Der Traubenzucker (Glukose) findet sich im Blut und wird von Gehirn und Muskulatur als Energiequelle herangezogen, reicht jedoch höchstens für 2 Minuten. Für den *Schnellkraftsportler* ist es daher wichtig, den Glykogengehalt im Muskel zu erhöhen. Das geschieht durch kohlenhydratreiche Kost, die auch eine Besserung der Dauerleistungsfähigkeit bewirkt. *Achtung:* Durch eine fettreiche Kost mit *wenig* Kohlenhydraten wird der Glykogenspiegel im Muskel gesenkt, was eine Minderung der Dauerleistungsfähigkeit zur Folge hat.

Eindrucksvoll werden diese Erkenntnisse durch einen Versuch unterstrichen, bei dem zwei Personen am gleichen Fahrradergometer mit einem Bein bis zur Erschöpfung arbeiteten. Das andere Bein (bei einer Person das rechte, bei der anderen das linke) beteiligte sich nicht an dem Versuch. Es zeigte sich, daß nach der Anstrengung das Muskelglykogen auf 0,1 g absank, während es in dem unbeteiligten Bein normal blieb. Im Anschluß daran wurde beiden Versuchspersonen eine kohlenhydratreiche Kost verabreicht mit dem Erfolg, daß die Muskeln des erschöpften Beines einen enormen Zuwachs an Glykogen zeigten (von 0,1 g auf fast 4 g pro 100 g Muskeln), während das andere Bein mit einem wesentlich geringeren Glykogenanstieg reagierte. Damit ist eine der wichtigsten Voraussetzungen für eine hohe Dauerleistungsfähigkeit gegeben.

Speisepläne für Schnellkraftsportler

1. Frühstück:

Kaffee mit Milch und Zucker, 2 Brötchen mit 25 g Butter und 30 g Honig bestreichen. Dazu gibt es ein Müsli.

Haferflockenmüsli

50 g Haferflocken
1 Banane
125 g Pfirsich
2 Eßl. Zucker
⅛ l Milch
1 Eßl. Eiweiß-konzentrat

Die Haferflocken mit den kleingeschnittenen Früchten, dem Zucker und dem Eiweißkonzentrat mischen und die Milch hinzufügen.

2. Frühstück:

Zu ¼ l Gemüsesaft wird 1 Scheibe Schwarzbrot mit Butter und 2 Scheiben Bierschinken serviert.

Mittagessen:

Leber „Berliner Art"

2 Scheiben Leber à 100 g
1 Apfel
1 Zitrone
1 Zwiebel
2 Eßl. Butter
1 Eßl. Mehl
Salz, Pfeffer
1 Eßl. Johannisbeergelee

Den Apfel schälen, vom Kerngehäuse befreien und in fingerdicke Scheiben schneiden. Mit dem Saft der Zitrone beträufeln. Die Zwiebel in dünne Ringe schneiden. Butter in einer Pfanne zerlaufen lassen. Die Apfelscheiben darin anbraten, warm stellen. Nun die Zwiebel in das Fett geben und knusprig braun braten. In einer zweiten Pfanne Butter erhitzen und die Leber, die man in Mehl gewendet hat, darin braten. Vor dem Anrichten mit Salz und Pfeffer würzen. Mit den Zwiebelringen und Apfelscheiben belegen, zuletzt mit Johannisbeergelee garnieren.

Farbfoto auf Seite 17

Dazu serviert man 1 Portion Kartoffelpüree und einen Kopf-Tomaten-Salat in Italiandressing. Zum Nachtisch gibt es 1 Portion Pflaumenkompott.

Italiandressing

1 Eßl. Öl
1 Eßl. Essig
3 Eßl. Rotwein
2 Eßl. Mineralwasser
1 Teel. Zitronensaft
½ Zwiebel
Salz, Pfeffer
Zucker

Öl, Essig, Rotwein, Mineralwasser und Zitronensaft gut miteinander verrühren und mit der kleingehackten Zwiebel vermischen. Mit Salz, Pfeffer und Zucker würzen und das Dressing mit dem Salat vermengen.

Vesper:

Am Nachmittag ist Kaffee mit Milch und Zucker oder Tee mit Zitrone und 30 g Honig erlaubt. Dazu gibt es 2 Stück Obsttorte mit Biskuitteigboden.

Abendessen:

Auf 125 g gebackenen Fleischkäse setzt man 1 Spiegelei. Dazu gibt es 1 Scheibe Bauernbrot, 1 große Salatplatte und 1 Flasche Malzbier.

Salatplatte

½ Kopfsalat
2 Tomaten
1 kleine Salatgurke
2 Karotten
½ Bund Radieschen
1 Paprikaschote

Kopfsalat, Tomaten, Gurke, Karotten, Radieschen und Paprikaschote putzen, waschen, zerkleinern und in einer Schüssel anrichten. Den Salat mit einem Joghurtdressing übergießen.

Joghurtdressing

1 Becher Joghurt
1 Eßl. Essig
1 Zitrone
2 Eßl. gehackte Kräuter
Salz, Pfeffer
Muskat
1 Eßl. Zucker

Den Joghurt mit Essig, Zitronensaft und den gehackten Frischkräutern vermengen. Danach mit Salz, Pfeffer, etwas gemahlener Muskatnuß und Zukker würzen.

Alle Rezepte in diesem Buch sind für 1 Person berechnet.

Nährstoffgehalt pro Tag:

kcal =	kJ	Eiweiß	Fett	KH
4515	18 872	146,3 g	130,1 g	614,4 g

Leber „Berliner Art“
Rezept auf Seite 14

Salat Wuchtbrumme
Rezept auf Seite 20

1. Frühstück:

Tee mit Zitrone und 30 g Honig, 2 Scheiben Vollkornbrot mit 25 g Butter bestrichen und je einer Scheibe Zungen- und Cervelatwurst. Dazu gibt es ¼ l Orangensaft mit 1 Eßl. Traubenzucker angereichert.

2. Frühstück:

¼ l Buttermilch
125 g Heidelbeeren
2 Eßl. Eiweißkonzentrat
2 Eßl. Traubenzucker

Heidelbeerbuttermilch

Die Heidelbeeren pürieren und in die Buttermilch geben. Eiweißkonzentrat und Traubenzucker hinzufügen und alles kräftig miteinander verrühren.

Mittagessen:

1 Eßl. Öl
1 Wiener Würstchen
1 Bratwürstchen
1 Zwiebel
1 kleine Stange Lauch
1 Tasse Bratensauce
1 Tasse Sangrita
200 g Kartoffeln
Salz, Pfeffer
Schnittlauch

Novembereintopf

Öl in einem Topf erhitzen. Die in Scheiben geschnittenen Würstchen, die in Ringe geschnittene Zwiebel und den Lauch goldgelb rösten. Mit Bratensauce (Fertigprodukt) und mit Sangrita auffüllen. Die gewürfelten Kartoffeln hinzugeben und 15–20 Minuten kochen lassen. Öfters vorsichtig umrühren. Vor dem Servieren mit Salz und Pfeffer aus der Mühle würzen und mit Schnittlauchröllchen bestreuen. Dazu gibt es 2 Scheiben Bauernbrot.

Vesper:	Kaffee mit Milch und Zucker, dazu 2 Stück Käsekuchen.

Abendessen:

1 Apfel
1 Zwiebel
1 Bund Radieschen
1 Paar Wiener
1 Stange Lauch
1 Kästchen Kresse
100 g Eiernudeln
1 Eßl. Mayonnaise
1 Eßl. Johannisbeergelee
1 Eßl. Tomatenketchup
1 Becher Joghurt
1 Eßl. Essig
1 Zitrone
Salz, Pfeffer
Muskatnuß
1 Eßl. Zucker
Kräuter

Salat Wuchtbrumme

Apfel, Zwiebel, Radieschen, Lauch und Wiener in feine Scheiben schneiden. Die Kresse verlesen, waschen, mit den gekochten Eiernudeln und den übrigen Salatzutaten gut vermischen. Den Salat in einer Schüssel anrichten und mit einem verfeinerten Joghurtdressing übergießen. Dazu vermischt man Mayonnaise, Johannisbeergelee, Tomatenketchup, Joghurt, Essig und Zitrone und gibt 2 Eßl. gehackte Kräuter dazu. Man würzt mit Salz, Pfeffer, geriebener Muskatnuß und Zucker. Den Salat mindestens 10 Minuten im Kühlschrank ziehen lassen.

Farbfoto auf Seite 18

Betthupferl: 2 Bananen, 1 Apfel, 1 Orange.

Nährstoffgehalt pro Tag:

kcal	= kJ	Eiweiß	Fett	KH
4547	19 007	141,5 g	145,5 g	618,5 g

1. Frühstück:

Tee mit Zitrone und 30 g Honig, 25 g Butter, 1 Brötchen, 2 Scheiben Vollkornbrot, 60 g Honig, 30 g Marmelade.

2. Frühstück:

1 Apfel
1 Orange
1 Banane
1 Becher Joghurt
2 Eßl. Traubenzucker

Fruchtjoghurt

Die Früchte in kleine Würfel schneiden. Den Joghurt mit dem Traubenzucker verrühren und über die Früchte geben.

Mittagessen:

1 Forelle à 250 g
Salz, Pfeffer
1 Zitrone
Dill
Petersilie

Papierforelle

Die Forelle säubern, mit Zitronensaft beträufeln, innen und außen salzen und pfeffern, mit Dill und Petersilie (gehackt) füllen. 5 Blätter einer Tageszeitung in kaltem Wasser einweichen, bis sie vollgesogen sind. Dann den Fisch Blatt für Blatt einwickeln und beide Enden umknicken, damit keine Luft hineinkommt. Nun die Forelle auf dem Holzkohlengrill oder der Herdplatte garen, je Seite 8 Min. Keine Angst, es verbrennt nichts. Das letzte Blatt kann man mit der Haut der Forelle leicht abziehen. Dazu gibt es eine Salatplatte mit Zitronendressing (Rezept S. 16 und S. 24).

Vesper: Kaffee mit Milch und Zucker, 1 Stück Biskuitrolle mit Marmelade und 1 Stück Obstkuchen.

Abendessen:

100 g Tatar
1 kl. Zwiebel
2 Eigelb
Salz, Paprika
grüner Pfeffer
2 cl Wodka
2 Eßl. Butter
3 Scheiben Vollkornbrot
1 Matjesfilet
1 Ei
Petersilie
1 Eßl. Kapern

Herrentoast

Das Tatar mit der gewürfelten Zwiebel, dem Eigelb, Salz, Paprikapulver und 1 Teel. der zerdrückten Pfefferkörner vermischen. Gut würzig abschmecken und mit Wodka aromatisieren. Das Tatar auf den mit Butter bestrichenen Vollkornbrotscheiben verteilen. In Streifen geschnittenes Matjesfilet darauflegen. Zuletzt das gekochte, gehackte Ei mit gehackter Petersilie und Kapern vermischen und über das Brot streuen.

Betthupferl:

250 g Kirschen
3 Eßl. Honig
2 Eßl. Traubenzucker

Honigkirschen

Die frischen Kirschen entkernen, mit Honig und Traubenzucker gesüßt servieren.

Nährstoffgehalt pro Tag:

kcal	= kJ	Eiweiß	Fett	KH
4507	18840	141,5 g	127,2 g	625 g

1. Frühstück:	Kaffee mit Milch und Zucker, 2 Scheiben Bauernbrot, je 1 Portion feine Leberwurst und Schmelzkäse (20 %), ¼ l Orangensaft mit 2 Eßl. Traubenzucker. Dazu gibt es
	Honig-Cornflakes
1 Becher Joghurt *4 Eßl. Honig* *50 g Cornflakes*	Den Joghurt mit dem Honig glattrühren und über die Cornflakes geben.
2. Frühstück: *1 Tasse Buttermilch* *1 Tasse Orangensaft* *2 Eßl. Traubenzucker*	**Orangenflip** Die Buttermilch mit Orangensaft und Traubenzucker gut vermischen und nicht zu kühl servieren.
Mittagessen: *1 Kalbsschnitzel (150 g)* *Salz, Pfeffer* *2 Eßl. Mehl* *1 Tasse Semmelbrösel* *25 g Butter* *1 Bund Petersilie* *1 Zitrone* *1 Ei*	**Paniertes Kalbsschnitzel** Das Fleisch salzen und pfeffern, in Mehl wenden, danach in einem verschlagenen Ei und anschließend in Semmelbröseln wenden. In einer Pfanne Butter erhitzen, das Schnitzel dazugeben und bei schwacher Hitze goldgelb braten. Herausnehmen und warm stellen. Petersilie abzupfen, waschen, gut abtrocknen und in heißem Fett 5–6 Sek. ausbacken. Herausnehmen, über das Schnitzel geben und mit Zitronenspalten servieren. Dazu gibt es

1 Eßl. Butter
1 kl. Zwiebel
200 g Kartoffeln
Salz, Pfeffer
1 Teel. Kümmel
gehackte Petersilie

Butterkartoffeln

Die Butter in einer Pfanne schmelzen und die gewürfelte Zwiebel darin glasig dünsten. Die geschnittenen, gekochten Kartoffeln hineingeben und goldbraun braten. Mit den Gewürzen abschmecken und gehackte Petersilie darüberstreuen. Ein Endiviensalat mit

2 Zitronen
3 Eßl. Weißwein
4 Eßl. Wasser
2 Eßl. Essig
1 Eßl. Salatöl
Salz, Zucker
1 Teel. Bierhefeflocken
1 Eßl. Zwiebeln

Zitronendressing

ergänzt die Mahlzeit. Für das Dressing Zitronensaft, Weißwein, Wasser, Essig, Salatöl, Salz, Zucker, Hefeflocken und feingehackte Zwiebeln verrühren. Den Salat nach dem Anrichten mit dem Dressing übergießen und 10 Minuten ziehen lassen.

Vesper:

Am Nachmittag gibt es Kaffee mit Milch und Zucker oder Tee mit Zitrone und Honig. Dazu sind 2 Stück Rührkuchen erlaubt.

Abendessen:

150 g Rinderhack
50 g Patnareis
1 Ei
1 Zwiebel
1 Eßl. Semmelbrösel
Salz, Pfeffer
1 Msp. Piment
10 Weinblätter
Öl
Zwiebelringe
⅛ l Fleischbrühe

Gefüllte Weinblätter

Zuerst den Patnareis in Salzwasser 10 Minuten halbgar kochen. Dann wird das Rinderhack mit dem abgekühlten Reis, dem Ei, feingehackter Zwiebel und den Semmelbröseln gut vermengt. Die Masse mit Salz, Pfeffer aus der Mühle und gemahlenem Piment würzen. Die Weinblätter (aus Dose oder Folienbeutel) kurz in heißem Wasser quellen lassen und in kaltem Wasser auskühlen. Die Blätter auf einem Arbeitsbrett auslegen, die Masse in Häufchen darauf verteilen und die Blätter aufrollen. Einen gewässerten Tontopf mit Öl ausfetten und mit Zwiebelringen auslegen. Die gefüllten Weinblätter hineinlegen und mit heißer Fleischbrühe übergießen. Den Tontopf in den vorgeheizten Backofen schieben und bei starker Hitze 30 Minuten garen.

Betthupferl:

Mokkacreme mit Sahne
(Fertigprodukt)

Nährstoffgehalt pro Tag:

kcal	= kJ	Eiweiß	Fett	KH
4504	18827	150,5 g	131 g	625, 5g

Farbfoto auf Seite 35

1. Frühstück:

Kaffee mit Milch und Zucker, 2 Scheiben Vollkornbrot, 1 Scheibe Knäcke, je 2 Scheiben Zungenwurst und Bierschinken.

2. Frühstück:

1 Becher Joghurt
3 gehäufte Eßl. Haferflocken
2 Äpfel
3 Eßl. Traubenzucker

Apfelmüsli

Den Joghurt mit den Haferflocken und den geriebenen Äpfeln verrühren, dann mit Traubenzucker süßen.

Mittagessen:

200 g Rinderfilet
1 Eßl. Olivenöl
1 kl. Zwiebel
1 kl. Dose Champignons
1 Teel. grüner Pfeffer
1 Eßl. Senf
1 Eßl. Tomatenketchup
2 Eßl. Sahne
frische Kräuter

Rinderfilet mit Champignons

Das in Streifen geschnittene Rinderfilet in erhitztem Olivenöl kurz anbraten, salzen und pfeffern. Das Fleisch herausnehmen und warm stellen. Die geschnittene Zwiebel zu der Sauce geben und bräunen. Mit halbierten Champignons und zerdrückten Pfefferkörnern ergänzen. Kurz durchschwitzen, mit Senf und Tomatenketchup verrühren. Champignonsaft und Sahne hinzugießen, verkochen und mit Salz und Pfeffer abschmecken. Das Fleisch in der Sauce erhitzen (nicht mehr kochen) und sofort servieren. Zuletzt mit gehackten Kräutern bestreuen. Zum Auftakt der Mahlzeit gibt es Feinschmeckersuppe Zwiebel (Reformhaus) und zu dem Fleisch 1 Portion

Tomatenspaghetti

1 Eßl. Butter
150 g Spaghetti
1 Eßl. Tomatenmark
1 Teel. Basilikum
1 Eßl. Petersilie
Salz, Pfeffer

Butter in einer Pfanne erhitzen und die gekochten Spaghetti hinzugeben. Tomatenmark unterrühren, mit den Kräutern, Salz und Pfeffer würzen.

Nachtisch:

Ananas-Shake

2 Scheib. Ananas
150 g Fruchteis
⅛ l Milch
Traubenzucker

Fruchtscheiben im Mixer pürieren, das Eis schaumig schlagen und mit Ananas, Milch und Traubenzucker kräftig verrühren.

Abendessen:

Panduren-Kotelett

1 Kalbskotelett
½ Teel. Majoran,
½ Teel. Thymian,
etw. Rosmarin
Salz, Zucker
1 kl. Zwiebel
1 Zitrone
2 Eßl. Öl
Pfeffer

Alle Gewürze, geriebene Zwiebel, Zitronensaft und Öl verrühren, mit Pfeffer würzen. Das Kotelett mit dieser Mischung beidseitig einstreichen und auf dem Grill garen. Dazu reicht man Salzkartoffeln und Kopfsalat. Als Nachtisch gibt es 2 Bananen.

250 g mit Zitronensaft und Traubenzucker verfeinerte Kirschen sind als Betthupferl erlaubt.

Nährstoffgehalt pro Tag:

kcal	= kJ	Eiweiß	Fett	KH
4473	18696	146,2 g	122,8 g	646,4 g

1. Frühstück:

Tee mit Zitrone und 30 g Honig, 1 Scheibe Bauernbrot mit Butter und einer Ecke Doppelrahmfrischkäse bestrichen. Dazu gibt es noch ein Haferflockenmüsli (siehe S. 14).

2. Frühstück:

1 Becher Magermilchjoghurt
1 Eßl. Traubenzucker
125 g Pfirsich a. d. Dose

Pfirsichcocktail

Der Joghurt wird mit dem Traubenzucker verrührt und danach über die kleingeschnittenen Pfirsiche gegeben.

Mittagessen:

2 Kalbsschnitzel à 100 g
2 Scheiben Speck
20 g grobe Leberwurst
2 Eßl. gehackte Mischpilze
1 Eßl. gehackte Zwiebel
2 Teel. Preiselbeeren
1 Eßl. gehackte Petersilie
Muskat, Pfeffer
10 g Pflanzenfett
10 g Mehl
¼ l Fleischbrühe

Jägerrollen

Die Kalbsschnitzel werden geklopft, gesalzen und mit dem Speck belegt. Danach vermengt man die grobe Leberwurst, die zerkleinerten Mischpilze, Zwiebeln, Preiselbeeren und Petersilie und würzt zuletzt mit Pfeffer und Muskat. Dann die Fleischscheiben mit dieser Masse gleichmäßig bestreichen, aufrollen und binden. Das Pflanzenfett wird in einer Pfanne erhitzt, die Rollen wendet man in Mehl und brät sie scharf an. Sobald die Fleischrollen braun sind, füllt man mit Fleischbrühe auf und gießt den Kirschlikör an. Sie werden abgedeckt im vorgeheizten Backofen bei starker Hitze 20 Minuten gegart. Vor dem Servieren verfeinert man das Gericht mit Sahne.

2 cl Kirschlikör
½ Tasse Sahne

Als Entree reicht man einen Teller Feinschmeckersuppe Tomate mit Bierhefe aus dem Reformhaus. Zu den Jägerrollen gibt es 1 Portion Kartoffelpüree (Fertigprodukt) und 1 Portion Leipziger Allerlei aus der Dose.

Nachtisch:
150 g Melone
75 g Eiscreme
2 cl Eierlikör

Eismelone

Die kleingeschnittene Melone in ein Glas geben, das Eis darüber verteilen und mit Eierlikör übergießen.

Vesper:

Kaffee, dazu 1 Stück Käsekuchen.

Abendessen:
5 Schweinefilets à 40 g
Kümmel
Dillkraut
Majoran
Thymian
Selleriekraut
Salz, Pfeffer
1 kl. Zwiebel
1 rote, 1 grüne Paprikaschote
1 Tasse Sauerkraut
50 g Mischpilze
1 Eßl. Öl
Paprika, Curry
2 Eßl. Tomatenketchup

Schaschlik po Kawkawski

Die Schweinefilets werden einzeln mit Kümmel, Dillkraut, Majoran, Thymian und Selleriekraut eingerieben, mit Salz und Pfeffer gewürzt und nach Geschmack gebraten. In einer zweiten Pfanne werden die gehackte Zwiebel, die rote und grüne Paprikaschote (in Streifen geschnitten), das Sauerkraut und die Mischpilze mit Öl angedünstet. Dann würzt man mit Paprika und Curry und rührt das Tomatenketchup unter. Zuletzt wird das Fleisch aufgespießt und mit dem Gemüse bedeckt.

Zu dem Schaschlik reicht man je 1 Portion Kräuterreis und Kopfsalat mit Zitronendressing (Rezept S. 24).

Betthupferl:
1 Apfel
1 Banane
2 Mandarinen
3 Teel. Rosinen
3 Eßl. Traubenzucker
1 Zitrone

Vitaminsalat

Apfel, Banane und Mandarinen in kleine Stücke schneiden und in eine Schale geben. Dann werden die gewaschenen und gut abgetropften Rosinen hinzugefügt. Zuletzt vermischt man die Früchte mit dem Traubenzucker und dem Saft der Zitrone.

Nährstoffgehalt pro Tag:

kcal =	kJ	Eiweiß	Fett	KH
4487	19 560	171,7 g	134,9 g	663,5 g

Farbfoto auf Seite 144

1. Frühstück:

Kaffee mit Milch und Zucker, je 1 Scheibe Bauernbrot und Vollkornbrot, 1 Brötchen, 1 Scheibe Schinkenwurst, je 1 Portion Mettwurst, Frischkäse und ¼ l Orangensaft.

2. Frühstück:

200 g Quark
1 Tasse Milch
3 Eßl. Traubenzucker
125 g Fruchtcocktail

Früchtequark

Den Quark mit Milch und Traubenzucker glattrühren und mit dem Fruchtcocktail vermischen.

Mittagessen:

150 g Hähnchenbrust
1 kl. Zwiebel
1 Eßl. Olivenöl
1 kleine Dose Pfifferlinge
Salz, Pfeffer
1 Msp. Thymian
1 Tasse Bratensauce
½ Tasse Sahne
Petersilie

Hähnchengeschnetzeltes

Die Hähnchenbrust von der Haut befreien und in kleine Stücke schneiden. Die Zwiebel würfeln, in dem heißen Öl anschwitzen. Das Fleisch hinzugeben und leicht Farbe nehmen lassen. Nun die Pilze einige Minuten mitdünsten, mit Salz und Pfeffer aus der Mühle und Thymian würzen. Mit Bratensauce (Fertigprodukt) und Sahne auffüllen. Einige Minuten köcheln lassen und vor dem Servieren mit gehackter Petersilie bestreuen. Dazu gibt es eine Portion Reis natur und Kopfsalat mit Joghurtdressing (S. 16).

Nachtisch:

1 Portion Fruchteis

Vesper:

Kaffee mit Milch und Zucker und 1 Stück Käsekuchen.

Abendessen:

150 g Rumpsteak
Salz, Pfeffer
1 Stange Lauch
2 Eßl. Öl
2 kleine Knoblauchzehen
½ Teel. Salz
1 Teel. Zucker
1 Zitrone

Anti-Vampir-Steak

Das Fleisch salzen, pfeffern und nach Geschmack auf dem Grill garen. Den Lauch waschen, halbieren, in dünne Streifen schneiden und im Öl weichdünsten. Knoblauch mit Salz zerreiben, mit Zucker und Zitronensaft vermengen und die Masse über das angerichtete Steak geben. Dazu reicht man 1 Portion Salzkartoffeln und 1 Grilltomate.

Nachtisch:

4 Scheiben Ananas aus der Dose.

Betthupferl:

1 Apfel
1 Grapefruit
1 Eßl. Honig
2 Eßl. Traubenzucker

Sportlercocktail

Den Apfel und die Grapefruit in kleine Stücke schneiden, dann die Früchte mit Traubenzucker und Honig vermischen.

Nährstoffgehalt pro Tag:

kcal	= kJ	Eiweiß	Fett	KH
4536	18 961	176,9 g	120,7 g	605,1 g

1. Frühstück:

Kaffee mit Milch und Zucker, je 1 Scheibe Bauern- und Vollkornbrot, 1 Brötchen, 1 Scheibe Schinkenwurst, je 1 Portion Mettwurst und Schnittkäse. Dazu gibt es ¼l Orangensaft und Honig-Cornflakes (s. Seite 23).

2. Frühstück:

200 g Karotten
1 Zitrone
1 Eßl. Honig

Karottenrohkost

Die geputzten, geraspelten Karotten mit dem Saft der Zitrone beträufeln und mit Honig süßen.

Mittagessen:

1 Kalbskotelett (200 g)
Salz, Pfeffer
1 Eßl. scharfer Senf
1 Teel. grüner Pfeffer
½ Teel. Majoran
½ Teel. Basilikum
½ Teel. Salbei
1 Eßl. Öl

Senfkotelett

Das Kotelett salzen und pfeffern. Den Senf mit zerdrückten grünen Pfefferkörnern, Majoran, Basilikum und Salbei verrühren. Das Fleisch mit dieser Paste beidseitig bestreichen und in Öl braten.

Davor gibt es einen Teller Feinschmeckersuppe Tomaten mit Bierhefe aus dem Reformhaus. Zu dem Fleisch reicht man 1 Portion Röstkartoffeln und einen Kopfsalat mit Joghurtdressing (Rezept S. 16).

Vesper:

Kaffee mit Milch und Zucker und 2 Stück Biskuitrolle (Zitronencreme).

Abendessen:

2 Kalbslendchen à 80 g
Salz, Pfeffer
1 Banane
1 Tasse Sahne
½ Teel. Ingwer
1 Teel. Mango-Chutney
3 Maraschinokirschen

Kalbslendchen „Indianstyle"

Kalbslendchen mit Salz und Pfeffer aus der Mühle würzen und je nach Geschmack braten. Die Banane der Länge nach halbieren, in vier gleiche Teile schneiden und kurz mitbraten. Das Fleisch und die Banane herausnehmen und warm stellen. Den Bratensatz mit Sahne ablöschen, mit Ingwer, Chutney, Salz und Pfeffer würzen. Dann die Lendchen auf Curryreis anrichten, mit den Bananenstücken belegen, mit der Sauce überziehen und mit den Maraschinokirschen garnieren.

Curryreis mit Rosinen

1 Eßl. Butter
1 Teel. Curry
1 Eßl. Rosinen
150 g Reis
Salz

Die Butter in einer Pfanne zerlaufen lassen. Den Curry und die gewaschenen Rosinen in die Butter rühren, den gekochten Reis hinzufügen. Mit Salz abschmecken, gut durchmischen und erhitzen.

Betthupferl:

Vanilleeiscreme mit heißen Himbeeren (Tiefkühlware, gezuckert).

Nährstoffgehalt pro Tag:

kcal	= kJ	Eiweiß	Fett	KH
4506	18 835	159,2 g	145,2 g	627,9 g

Farbfoto auf Seite 36

Gefüllte Weinblätter
Rezept auf Seite 25

Kalbslendchen „Indianstyle“
Rezept auf Seite 34

1. Frühstück:	Tee mit Zitrone und Honig, 2 Brötchen, 1 Scheibe Vollkornbrot, 25 g Butter, 60 g Honig, 30 g Marmelade.
2. Frühstück:	1 Teller Feinschmeckersuppe Zwiebel mit Bierhefe aus dem Reformhaus und 2 Brötchen.
Mittagessen: *1 Kalbsniere* *1 Eßl. Öl* *1 Eßl. Butter* *1 kleine Dose Pfifferlinge* *1 Glas Sekt* *Salz* *weißer Pfeffer* *1 Eßl. gehackte Petersilie*	**Beschwipste Kalbsnieren** Die Kalbsniere putzen, in dickere Scheiben schneiden und in heißem Öl auf jeder Seite 2 Minuten anbraten, dann warm stellen. Die Butter in einer Pfanne zerlaufen lassen und die Pfifferlinge darin anschwitzen. Mit Sekt ablöschen, mit Sahne auffüllen und einkochen lassen. Die Nierenscheiben in die Sauce legen und das Gericht mit Salz und weißem Pfeffer würzen. Vor dem Servieren mit der gehackten Petersilie bestreuen. Dazu reicht man 1 Portion Leipziger Allerlei aus der Dose und
200 g Kartoffeln *Salz, Pfeffer* *Muskatnuß*	**Kartoffelschnee** Die gekochten Kartoffeln werden zerdrückt, mit Salz, Pfeffer und geriebener Muskatnuß gewürzt. Man streicht sie durch ein Sieb direkt auf den Teller.
Nachtisch:	1 Portion Fruchteis.

Vesper:

Kaffee mit Milch und Zucker, dazu 1 Stück Apfeltorte.

Abendessen:

100 g Geflügelfleisch
60 g gekochter Schinken
1 kl. Dose Artischockenherzen
50 g gepökelte Rinderzunge
50 g Nudelhörnchen
50 g Quark
1 Tasse Milch
2 Eßl. Johannisbeergelee
Curry
Salz, Pfeffer
2 cl Weinbrand
1 Ei
Petersilie

Geflügelsalat „Feinschmecker"

Das gekochte oder gebratene Geflügelfleisch und den gekochten Schinken in Streifen schneiden. Die Artischokkenherzen vierteln, in eine Schüssel geben, alle Fleischsorten, auch die in Streifen geschnittene Rinderzunge, hinzufügen und mit den gekochten, nicht zu weichen Hörnchennudeln vermischen. Danach den Quark, die Milch und das Johannisbeergelee glattrühren. Mit Curry, Salz und Pfeffer würzen und mit Weinbrand aromatisieren. Die Sauce wird vorsichtig unter den Salat gerührt. Zuletzt streut man das gekochte, gehackte Ei und die gehackte Petersilie über den Geflügelsalat. Dazu serviert man 2 Scheiben Toastbrot. Zum Abschluß gibt es noch einen

Vitaminsalat

wie auf Seite 30.

Nährstoffgehalt pro Tag:

kcal =	kJ	Eiweiß	Fett	KH
4511	18856	130,5 g	144,2 g	607 g

1. Frühstück:	Kaffee mit Milch und Zucker, Honig-Cornflakes (S. 23), 1 gekochtes Ei, 1 Scheibe Bauernbrot mit Butter, 1 Scheibe Vollkornbrot, 1 Ecke Schmelzkäse (20 %).
2. Frühstück:	1 Scheibe Schwarzbrot, 1 Scheibe Schinken und 1 Tomate, 1 Flasche Malzbier.
Mittagessen: *2 Schweinelendchen à 120 g* *Salz, Pfeffer* *Thymian* *2 Eßl. Senf* *½ Tasse Mohn* *1 Eßl. Butter* *1 kl. Zwiebel* *1 Tasse Pfifferlinge* *½ Tasse Altbier* *½ Tasse Bratensauce*	**Altbierschweinchen** Die Schweinelendchen leicht klopfen, mit Salz, Pfeffer und Thymian würzen und mit Senf bestreichen. Das Fleisch in dem Mohn wenden und in Butter braten, dann herausnehmen und warm stellen. Nun die Zwiebel würfeln, in die Pfanne geben und glasig dünsten. Danach die Pfifferlinge hinzufügen und mitschwitzen. Mit Altbier ablöschen, mit Bratensauce (Fertigprodukt) auffüllen und zu einer Sauce verkochen, die man gut würzig abschmeckt. Das Fleisch in der Sauce anrichten. Als Entree gibt es einen Teller Feinschmeckersuppe Tomate mit Bierhefe aus dem Reformhaus, zum Fleisch 1 Portion Sauerkraut und 1 Portion Salzkartoffeln.
Vesper:	Tee mit Zitrone und Honig und 1 Stück Streuselkuchen (Hefeteig).

Abendessen:

3 Matjesfilets
1 Bd. Petersilie
1 Apfel
1 Zitrone
1 Ei
1 Gewürzgurke
½ Teel. Paprikapulver
½ Teel. Curry
100 g Frischkäse
Salz, Pfeffer
1 Teel. grüner Pfeffer
Salatblätter

Kapitänsmatjes

Die Matjesfilets wässern, danach in gehackter Petersilie wenden. Den Apfel schälen, entkernen und in 3 gleichmäßig dicke Scheiben schneiden, die man mit dem Saft der Zitrone beträufelt. Das hartgekochte Ei und die Gewürzgurke hacken und mit Paprikapulver und Curry unter den Frischkäse mischen. Zuletzt mit Salz und Pfeffer aus der Mühle würzen. Die Matjesfilets aufrollen, auf die Apfelscheiben setzen, mit der Masse füllen und mit den zerdrückten, grünen Pfefferkörnern bestreuen. Serviert wird auf einem Teller mit gewaschenen Salatblättern. Dazu gibt es 1 Portion Pellkartoffeln.

Betthupferl:

Vitaminsalat

Rezept auf S. 30

Nährstoffgehalt pro Tag:

kcal =	kJ	Eiweiß	Fett	KH
4540	18 977	153,5 g	140,2 g	599 g

1. Frühstück:	Tee mit Zitrone und Honig, 1 Scheibe Vollkornbrot, 2 Scheiben Bauernbrot, 25 g Butter, 2 Scheiben gekochten Schinken, 1 Ecke Doppelrahmfrischkäse.
2. Frühstück:	¼ l Orangensaft mit 2 Eßl. Traubenzucker, 2 Scheiben Vollkornbrot mit 2 Scheiben Edamer Käse (30 %).
Mittagessen: *1 Scholle 300 g* *1 Zitrone* *1 Eßl. Worcestersauce* *25 g Butter* *Pfeffer* *2 Eßl. Mehl* *Fett* *1 Eßl. gehackte Petersilie* *Zitronenscheiben* *Salz*	**Scholle gebraten** Die küchenfertige Scholle mit dem Saft der Zitrone und mit der Worcestersauce beträufeln, salzen und ziehen lassen. In der Zwischenzeit Butter in einer Pfanne zerlassen. Die Scholle in mit Pfeffer gewürztem Mehl wenden und in heißem Fett knusprig braun braten. Die schäumende Butter zusammen mit der gehackten Petersilie über die Scholle geben. Zuletzt mit Zitronenscheiben garnieren. Zum Auftakt des Mittagessens wird 1 Teller Feinschmeckersuppe Sellerie mit Bierhefe aus dem Reformhaus serviert, zu der Scholle 1 Portion Kräuterreis und 1 Portion Kopfsalat mit Zitronendressing (S. 24).
Nachtisch:	5 kleine Scheiben Ananas

Vesper:

Kaffee mit Milch und Zucker und 2 Stück Obstkuchen (Hefeteig).

Abendessen:

200 g Ochsenbrust
1 Packung Tiefkühl-Suppengemüse
1 kl. Dose Champignons
1 Kopfsalat
Zitronen-Meerrettichdressing

Hirtensalat

Die gekochte Ochsenbrust würfeln. Das Tiefkühlgemüse nach Vorschrift kochen und abkühlen. Die Champignons in Scheiben schneiden und mit dem Gemüse und der Ochsenbrust vermischen. Den Kopfsalat putzen, waschen, abtropfen lassen und eine Salatschüssel damit auslegen. Die Salatmischung einfüllen und mit dem Zitronen-Meerrettichdressing übergießen. Vor dcm Servieren einige Minuten ziehen lassen. Dazu gibt es 2 Scheiben Roggenbrot und ¼ l Tomatensaft.

Zitronen-Meerrettichdressing

Das Rezept von S. 24 mit 1 Eßl. Meerrettich anreichern.

Betthupferl:

Schokoladenpudding mit Nüssen (Fertigprodukt).

Nährstoffgehalt pro Tag:

kcal	= kJ	Eiweiß	Fett	KH
4518	18 886	175,5 g	130,7 g	546,5 g

1. Frühstück:

Kaffee mit Milch und Zucker, 1 Scheibe Weißbrot, 2 Scheiben Vollkornbrot, 2 Scheiben Thüringer Rotwurst, 25 g Butter und 1 Ecke Schmelzkäse.

2. Frühstück:

Fruchtjoghurt

Wie Rezept auf S. 21 mit einem Eßl. Eiweißkonzentrat.

Mittagessen:

250 g Rotbarschfilet
1 Eßl. Worcestersauce
1 Eßl. Zitronensaft
½ Tasse Weißwein
Salz, Pfeffer
30 g Schinkenspeck
1 rote Paprikaschote
1 Tomate

Helgoländer Fischspieß

Das Rotbarschfilet mit Worcestersauce, Zitronensaft und Weißwein marinieren, mit Salz und Pfeffer würzen und 10 Minuten ziehen lassen. Danach den Fisch, den Schinkenspeck und die blanchierte Paprikaschote in gleich große Stücke schneiden. Dann werden abwechselnd Fisch, Speck, Paprikaschoten und Tomatenviertel auf einen Spieß gesteckt und langsam gebraten.

Zu dem Fisch wird ein Tomatenreis und 1 Portion Gurkensalat mit Joghurtdressing serviert (Dressing S. 16).

Vesper:

Kaffee mit Milch und Zucker, dazu gibt es 1 Stück Streuselkuchen.

Abendessen:	**Kaiserschmarrn**
2 Eier *30 g Zucker* *1 Msp. Salz* *1 Päckchen Vanillezucker* *¼ l Milch* *60 g Mehl* *30 g Rosinen* *etwas Rum* *30 g Butter* *2 Eßl. Zucker*	Das Eigelb mit dem Zucker, Salz und Vanillezucker zu einer schaumigen Masse schlagen. Die Milch und das gesiebte Mehl nach und nach hinzugeben und zu einer klumpenfreien Masse verarbeiten. Dann werden die in Rum eingeweichten Rosinen untergezogen. Das Eiweiß wird sehr steif geschlagen und vorsichtig unter den Teig gehoben. Die Butter in einer Pfanne zerlaufen lassen und den Teig bei mittlerer Hitze wie einen Pfannkuchen backen. Zuletzt wird der Schmarrn mit 2 Gabeln in Stücke gerissen und vor dem Servieren mit Zucker bestreut.
Betthupferl:	2 Bananen mit ⅛ l Schokoladensauce.

Nährstoffgehalt pro Tag:

kcal	= kJ	Eiweiß	Fett	KH
4574	19 119	140,8 g	134,2 g	618,5 g

Eiweiß, der Aufbaustoff für Körper und Muskelsubstanz

Eiweiß ist ein wichtiger Bestandteil in der Ernährung des Sportlers, denn es läßt sich zum Ersatz oder Aufbau von Körpersubstanz nicht durch Kohlenhydrate oder Fette ersetzen. Bei Eiweißmangel kommt es unweigerlich zu einer Leistungsminderung, das gilt sowohl für die körperliche Betätigung als auch für die geistige Arbeit. Deshalb ist in Phasen der Regeneration und des Aufbaus von Gewebe eine reichliche Eiweißzufuhr von besonderer Bedeutung. Das gilt für die Zeiten des Wachstums, für den Aufbau nach überstandenen Erkrankungen und für das Training *des Kraftsportlers,* bei dem es zu einer Zunahme an Muskelmasse kommt, die vorwiegend aus Eiweiß besteht. Menschen- und Tierversuche haben gezeigt, daß mit einer Eiweißüberschuß-Nahrung eine wesentliche Steigerung des Kraftzuwachses erreicht werden kann. Daraus folgt, daß 1 g Eiweiß je kg Körpergewicht und Tag nicht ausreicht, um den optimalen Erfolg eines Krafttrainings zu erreichen. Es muß also ein erheblicher Überschuß an Eiweiß zugeführt werden, um den gewünschten Effekt zu erzielen – täglich 1,5 bis 2 g Eiweiß pro kg Körpergewicht. Diese Werte gelten für *Kraftsportler,* während sie für Schnellkraftsportler bei 1,5 g/kg und beim Dauersportler nicht geringer als 1,2 g/kg sein sollten. Beim *Kraftsportler* ist die beste Wirkung für den Aufbau der Muskelsubstanz dann gegeben, wenn das Eiweiß kurz vor oder kurz nach dem Training zugeführt wird, weil diese großen Mengen an Eiweiß mit den herkömmlichen Nahrungsmitteln (Steak, Milch, Milchprodukte, Fisch) meist nicht ganz zu decken sind. Hier eignet sich auch reines Eiweißkonzentrat, das vorwiegend in Pulverform angeboten und aus Milch hergestellt wird.

Fette sind Energieträger und wichtig für den Stoffwechsel

Fette sind als Energieträger von großer Bedeutung, da sie einen hohen Brennwert haben. Bei hohen Tageskalorien kommt man ohne Einbeziehung der Fette in den Stoffwechsel nicht aus, weil sonst das Volumen der aufzunehmenden Nahrung zu groß sein müßte. Für die Lebensvorgänge sind besonders die in Ölen (Leinöl, Sonnenblumenöl, Weizenkeimöl usw.) enthaltenen ungesättigten (vom Körper nicht aufbaubaren) Fettsäuren wichtig. Im ruhenden Muskel werden etwa 20 % der Energie durch sie geliefert – unter Belastung steigt dieser Anteil sogar bis auf 35 % an. Wenn die Vorräte an Glykogen zur Neige gehen, können sie auch 80 % der Energielieferung ausmachen. Nur durch eine Kohlenhydratzufuhr läßt sich diese Rate verringern. Nun wissen wir aber aus eigenen Untersuchungen, daß reichliche Fettverbrennungen zu einer Leistungsminderung führen. Das hängt damit zusammen, daß bei der Verbrennung des Fettes im Stoffwechsel mehr Sauerstoff verbraucht wird. Fette haben zwar einen hohen Energiewert, aber der Verbrauch von Kohlenhydraten ist ökonomischer. Außerdem haben sie den Nachteil, bei zu hoher Zufuhr bei körperlich inaktiven Menschen eine vorzeitige Alterung der Gefäße (Arteriosklerose) herbeizuführen. In diesem Zusammenhang wird auch die große Anzahl von Gefäß- und Herzinfarktkranken erklärbar.

Speisepläne für Kraftsportler

1. Frühstück:

Kaffee mit Milch und Zucker, 30 g Cornflakes mit 1 Eßl. Zucker und ¼ l Milch, 1 Scheibe Vollkornbrot, 2 Scheiben Bauernbrot, 25 g Butter, 2 Scheiben gekochter Schinken, 1 Ecke Doppelrahmfrischkäse.

2. Frühstück:

1 Sandwich mit 2 Scheiben Edamer Käse und ¼ l Tomatensaft.

Mittagessen:

2 Kalbsmedaillons à 100 g
Salz, Pfeffer
1 Zwiebel
1 kl. Stange Lauch
50 g süßsaurer Kürbis
50 g Senfgurken
1 kleine Dose Pfifferlinge
2 Eßl. Öl
½ Tasse Weißwein
1 Knoblauchzehe
1 Bd. Petersilie
2 cl Weinbrand

Süßsaure Medaillons

Die Medaillons salzen, pfeffern und nach Geschmack braten. Zwiebel und Lauch putzen und ebenso wie Kürbis, Senfgurken und Pfifferlinge in feine Scheiben schneiden. Dann das Gemüse in der genannten Reihenfolge in dem erhitzten Öl anschwitzen. Danach mit dem Weißwein ablöschen und 5 Minuten dünsten. Vor dem Servieren mit der geriebenen Knoblauchzehe und der gehackten Petersilie verfeinern. Die Medaillons vor dem Anrichten mit Weinbrand flambieren und in das Gemüsebett setzen.

Als Entree gibt es einen Teller Feinschmeckersuppe Zwiebel mit Bierhefe aus dem Reformhaus, zum Fleisch serviert man 1 Portion Kräuterkartoffeln (Rezept s. nächste Seite).

Farbfoto auf Seite 54

200 g Kartoffeln
1 Eßl. Butter
2 Eßl. gehackte Kräuter

Kräuterkartoffeln
Die geviertelten, gegarten Salzkartoffeln in Butter schwenken und mit den gehackten Kräutern vermischen.

Vesper:

¼ l Orangensaft mit 2 Eßl. Traubenzucker und 2 Scheiben Bauernbrot mit einer Portion

125 g Quark
1 Becher Joghurt
1 Zitrone
4 Eßl. feingehackte Kräuter

Kräuterquark
Den Quark mit Joghurt und Zitronensaft verrühren, dann die gehackten Kräuter unterziehen.

Abendessen:
2 Kalbsschnitzel à 80 g
Salz, Pfeffer
1 Ei
1 Eßl. Parmesankäse
1 Eßl. gehackte Petersilie
1 Eßl. Öl

Kalbsschnitzel „Mailänder Art"
Das Fleisch salzen und pfeffern. Danach das Ei mit dem geriebenen Parmesankäse, der Petersilie, dem Salz und dem Pfeffer verrühren. Die Schnitzel darin wenden und bei mäßiger Hitze im Öl braten.

Dazu serviert man 1 Portion Tomatenspaghetti und einen Endiviensalat mit Joghurtdressing (S. 16).

	Butterspaghetti
1 Eßl. Butter *150 g Spaghetti* *1 Teel. Basilikum* *1 Eßl. gehackte Petersilie* *Salz, Pfeffer*	Die Butter wird in einer Pfanne erhitzt. Dann gibt man die vorgekochten Spaghetti hinzu. Zuletzt würzt man mit Basilikum, gehackter Petersilie, Salz und Pfeffer.
Nachtisch:	**Pflaumenkompott** Früchte aus der Dose.
Betthupferl:	**Honigkirschen** Zubereitung S. 22

Nährstoffgehalt pro Tag:

kcal =	kJ	Eiweiß	Fett	KH
4859	20 313	207,8 g	141, 9 g	607,2 g

1. Frühstück: Kaffee mit Milch und Zucker, Honig-Cornflakes (S. 23), 2 Scheiben Vollkornbrot, 2 Scheiben Bauernbrot, 25 g Butter, 2 Scheiben gekochter Schinken, 1 Ecke Doppelrahmfrischkäse.

2. Frühstück: ¼ l Orangensaft, 1 Scheibe Bauernbrot mit Butter, 1 Tomate.

Mittagessen:

Karlsbader Herz

1 Kalbsherz (250 g)
⅛ l Weißwein
2 Eßl. Essig
1 Teel. Salz
1 Zwiebel
1 Eßl. Butter
1 Eßl. Mehl
1 Tasse Apfelwein
1 Teel. Zucker
Salz
½ Zitrone

Den Wein mit ¼ l Wasser, Essig, Salz und der Zwiebel zum Kochen bringen. Das Herz 1 Stunde darin kochen lassen. Die Butter zerlassen, das Mehl kurze Zeit darin anschwitzen und erkalten lassen. Mit heißem Apfelwein aufgießen. Die Sauce einkochen lassen und nach Bedarf mit dem Herzsud strecken. Mit Zucker, Salz und Zitronensaft würzen und vor dem Servieren über das Kalbsherz geben.

Als Vorspeise gibt es eine Steinpilzsuppe (Fertigprodukt), zu dem Fleisch Kartoffelschnee (S. 37) und einen

Orangen-Lauch-Salat

1 Stange Lauch
1 Orange
1 Joghurt
Salz, Pfeffer
Essig, Zucker

Den Lauch halbieren, waschen, in feine Streifen schneiden, die Orange schälen und filieren. Den Joghurt mit den Gewürzen abschmecken und über den Salat geben.

Vesper:

Kaffee mit Milch und Zucker, 2 Scheiben Toast mit Butter und Honig.

Abendessen:

2 Rinderfilets à 100 g
Salz, Pfeffer
1 Eßl. Öl
1 Tasse Bratensauce
2 cl Whisky
2 Scheiben Toastbrot
Salatblätter
Tomaten

Club-Toast

Die Rinderfilets salzen und pfeffern und in dem erhitzten Öl je nach Geschmack braten. Die Bratensauce (Fertigprodukt) erhitzen, mit Whisky verfeinern und etwas einkochen lassen. Die Filets auf die gerösteten Toastbrote geben und die Sauce darübergießen. Zuletzt mit Salatblättern und Tomatenachteln garnieren.

Betthupferl:

¼ l Buttermilch
1 Orange
1 Zitrone
2 Eßl. Traubenzucker
1 Eßl. Eiweißkonzentrat

Buttermilchflip

Die Buttermilch mit dem Orangen- und Zitronensaft verrühren, mit Traubenzucker süßen und das Eiweißkonzentrat unterziehen.

Nährstoffgehalt pro Tag:

kcal =	kJ	Eiweiß	Fett	KH
4719	19726	181,6 g	161,3 g	576,3 g

Frühstück von Seite 48

Süßsaure Medaillons
Rezept auf Seite 48

1. Frühstück:	Kaffee mit Milch und Zucker, Haferflockenmüsli (S. 14), 1 Scheibe Vollkornbrot, 1 Scheibe Knäckebrot, 1 Scheibe Zungenwurst, 1 Scheibe Cervelatwurst.
2. Frühstück: *1 B. Joghurt* *1 Tasse Milch* *1 Banane* *1 Eßl. Eiweißkonzentrat* *2 Eßl. Traubenz.* *1 Eßl. lösl. Kaffee*	**Coffeedrink** Den Joghurt mit der Milch, der pürierten Banane, dem Eiweißkonzentrat, dem Traubenzucker und dem löslichen Kaffee gut verrühren.
Mittagessen: *1 Poulardenkeule* *Salz, Pfeffer* *1 Eßl. Öl* *1 Eßl. Weißwein* *½ Teel. Knoblauchpulver* *½ Teel. engl. Senfpulver* *½ Teel. Paprikapulver* *½ Teel. Majoran* *Tabasco* *1 Zwiebel* *je 1 rote u. grüne Paprikaschote* *1 Eßl. Butter* *1 Tasse Weißwein*	**Poulardenkeule „Teufelsart"** Die Poulardenkeule salzen und pfeffern. Danach Öl, Weißwein, Knoblauchpulver, Senf- und Paprikapulver und einige Spritzer Tabasco gut miteinander verrühren. Die Keule damit einstreichen und etwa 1 Stunde stehenlassen. In der Zwischenzeit Zwiebel und Paprikaschoten putzen und in dünne Streifen schneiden. Das Gemüse in der Butter andünsten, mit dem Weißwein ablöschen und weich dünsten. Zuletzt mit Salz und Pfeffer würzen. Die Poulardenkeule in heißem Öl braten und auf dem Gemüse anrichten. Als Entree wird eine Feinschmeckersuppe Tomate mit Bierhefe aus dem Reformhaus serviert.

Nachtisch:	1 Portion Fruchteis (150 g).
Vesper:	¼ l Tomatensaft, 1 Scheibe Bauernbrot, 1 Portion Doppelrahmfrischkäse.
Abendessen:	**Hitchcocks Story**
2 Schweinelendchen à 120 g *Salz, Pfeffer* *3 Eßl. Mehl* *1 Tasse Saft v. roten Rüben* *1 Zwiebel* *1 Gewürzgurke* *5 Sardellenfilets* *1 Tasse feingehackte Steinpilze* *1 Tasse Bouillon* *1 Eßl. Weinessig* *½ Teel. Kümmel* *Tabasco*	Die Lendchen salzen und pfeffern, in Mehl wenden, mit etwas Fett anbraten und von Zeit zu Zeit mit dem Saft der roten Rüben ablöschen. Vor dem Garungsende feingehackte Zwiebel, Gewürzgurke, Sardellenfilets (gewässert) und Steinpilze dazugeben und im geschlossenen Topf gar dünsten. Das Fleisch herausnehmen, warm stellen. Danach die Sauce mit Mehl bestäuben und mit einer Tasse heißer Bouillon bis zur normalen Saucendicke auffüllen. Mit Weinessig, Kümmel und einigen Spritzern Tabasco verfeinern und evtl. mit Salz und Pfeffer nachwürzen. Zu den Lendchen serviert man
	Bauernkartoffeln
30 g durchwachsener Speck *1 Zwiebel* *200 g Kartoffeln* *Salz, Pfeffer* *1 Teel. Kümmel*	Der gewürfelte Speck wird in einer Pfanne ausgelassen, dann dünstet man die kleingehackte Zwiebel darin glasig. Nun werden die gekochten, in Scheiben geschnittenen Kartoffeln hinzugegeben und angebraten. Zuletzt würzt man mit Salz, Pfeffer aus der Mühle und Kümmel.

Außerdem gibt es einen Kopfsalat mit Zitronendressing (wie S. 24).

Betthupferl:
3 Orangen
2 Eßl. Traubenzucker
1 Eßl. Eiweißkonzentrat
2 Blatt Gelatine
2 cl Orangenlikör

Fruchtgelee

Den Saft der Orangen erhitzen und mit Traubenzucker und Eiweißkonzentrat verrühren. Dann die in Wasser eingeweichte, gut ausgedrückte Gelatine darin auflösen, mit Orangenlikör aromatisieren und in ein mit kaltem Wasser ausgespültes Glas geben. Das Gelee im Kühlschrank erkalten lassen.

Nährstoffgehalt pro Tag:

kcal	= kJ	Eiweiß	Fett	KH
4834	20205	195,7 g	144,2 g	605,5 g

1. Frühstück:

Tee mit Zitrone und Honig, 1 Scheibe Bauernbrot, 1 Scheibe Vollkornbrot, 1 Brötchen, 1 Scheibe Bierschinken, 1 Portion Mettwurst, 1 Ecke Doppelrahmfrischkäse, 25 g Butter, ¼ l Orangensaft.

2. Frühstück:

1 Becher Joghurt
⅛ l Gemüsesaft
1 Eßl. Eiweißkonzentrat
Salz, Pfeffer

Joghurtdrink

Den Joghurt mit Gemüsesaft und Eiweißkonzentrat gut verrühren und mit Salz und Pfeffer würzen.

Mittagessen:

2 gr. Kartoffeln
¼ l Fleischbrühe
150 g Hackfleisch
1 Zwiebel
je 1 Teel. Senf, Majoran, Paprika
2 Eßl. Kräuter
Salz, Pfeffer
1 Eßl. Parmesankäse

Kartoffeln mit Hackfleisch

Die Kartoffeln schälen, waschen und aushöhlen, in einen Topf geben, Fleischbrühe hinzugießen und im Backofen bei 200 Grad 10 Minuten garen. Die Kartoffelreste fein hacken, mit dem Hackfleisch, der feingehackten Zwiebel, Senf, Majoran, Paprika, den gehackten Kräutern, Salz und Pfeffer aus der Mühle zu einer geschmeidigen Masse verarbeiten. Die Kartoffeln damit füllen, mit Parmesankäse bestreuen und weitere 20 Minuten im Ofen garen.

Dazu gibt es eine Salatplatte mit Joghurtdressing (S. 16).

Vesper: Kaffee mit Milch und Zucker, dazu 2 Stück Käsekuchen.

Abendessen:

1 Filetsteak
à 200 g
1 Eßl. grüner Pfeffer
4 kl. Peperoni
1 Eßl. Öl
2 cl Tequila
Salz

Feuersteak

Das Filetsteak salzen und mit zerdrückten grünen Pfefferkörnern einreiben. Mit Peperoni spicken und im heißen Öl nach Geschmack garen. Vor dem Servieren mit Tequila flambieren.

Dazu serviert man ein

1 Eßl. Butter
1 Zwiebel
1 Stange Lauch
Salz, Pfeffer
Muskatnuß

Lauchgemüse

Die Butter in einer Pfanne zerlassen. Die in dünne Scheiben geschnittene Zwiebel und die Lauchscheiben dazugeben und weich dünsten. Mit Salz, Pfeffer und etwas Muskatnuß würzen. Eine Portion Reis ergänzt die Mahlzeit.

1 Eßl. Butter
2 Tomaten
150 g Reis
Salz

Tomatenreis

Butter in einer Pfanne zerlassen, die Tomaten enthäuten, entkernen und würfeln. Mit dem gekochten Reis in die Butter geben, salzen, gut durchschwenken und erhitzen.

Als Entree gibt es eine Feinschmeckersuppe Sellerie mit Bierhefe aus dem Reformhaus.

Nachtisch:	**Fruchtsalat**
1 Apfel *1 Birne* *1 Orange* *1 Banane* *1 Zitrone* *1 Eßl. Eiweißkonzentrat* *2 Eßl. Traubenzucker*	Apfel, Birne, Orange und Banane schälen und in feine Scheiben schneiden. Die Früchte mit dem Zitronensaft beträufeln und das Eiweißkonzentrat unterrühren. Zuletzt mit dem Traubenzucker süßen.
Betthupferl:	Eine große Schale Erdbeeren mit 2 Eßl. Zucker und 1 Eßl. Schlagsahne.

Nährstoffgehalt pro Tag:

kcal	= kJ	Eiweiß	Fett	KH
4736	19796	191,1 g	152,0 g	584,0 g

1. Frühstück:	Kaffee mit Milch und Zucker, 1 Portion Kräuterquark (wie S. 49), 2 Brötchen, 2 Scheiben Vollkornbrot, 30 g Honig, 30 g Marmelade, 25 g Butter.
2. Frühstück:	Sandwiches mit 2 Scheiben Roastbeef, ¼ l Tomatensaft.
Mittagessen: *60 g Hühnerleber* *1 Zwiebel* *1 kleine Dose Pfifferlinge* *2 Eßl. Butter* *60 g Rinderhack* *2 Eßl. Tomatenmark* *1 Tasse Fleischbrühe* *Salz, Pfeffer*	**Ragout „Ferdinand“** Die gewaschene Hühnerleber von Haut und Sehnen befreien und hacken, ebenso die Zwiebel und die Pfifferlinge. Nun die Butter in einer Pfanne erhitzen. Die Leber und das Rinderhack hineingeben und mit den Zwiebeln und den Pilzen einige Minuten braten. Danach das Tomatenmark und die Fleischbrühe hinzufügen, kurz aufkochen lassen und mit Salz und Pfeffer würzen. Als Entree wird Feinschmeckersuppe Bohnen mit Bierhefe aus dem Reformhaus serviert, zu dem Ragout 1 Portion Reis natur und ein Endiviensalat mit Joghurtdressing (S. 16).
Vesper:	Kaffee mit Milch und Zucker, dazu 2 Stück Apfelstrudel.

Abendessen:
2 Hirschsteaks à 100 g
Salz, Pfeffer
3 Eßl. Orangensaft
1 Teel. Senf
½ Teel. Paprika
3 Wacholderbeeren
2 Eßl. Öl

Mariniertes Hirschsteak

Die Steaks etwas klopfen, salzen und pfeffern. Orangensaft, scharfen Senf, Paprikapulver, zerstoßene Wacholderbeeren und Öl gut miteinander vermischen und die Steaks 2 Stunden in die Marinade legen. Danach in einer Pfanne mit erhitztem Öl braten, dabei die Steaks öfter mit der Marinade bestreichen.

Dazu gibt es 1 Portion Rosenkohl natur und eine

1 Kartoffel
Kümmel
Majoran
1 Eßl. saure Sahne

Folienkartoffel

Die gewaschene Kartoffel auf ein entsprechendes Stück Alufolie legen, die vorher mit etwas Kümmel und Majoran bestreut wurde. Einwickeln und im Backofen bei starker Hitze ca. 25 Minuten garen. Dann oben kreuzweise einschneiden, auseinanderdrücken, salzen und die Sahne darüber geben.

Betthupferl:
1 Apfel, 1 Birne
1 Orange
1 Zitrone
2 Eßl. Traubenzucker

Fruchtcocktail

Apfel und Birne schälen, vierteln und entkernen, die Orange schälen und filieren. Mit dem Zitronensaft beträufeln und mit Traubenzucker süßen.

Nährstoffgehalt pro Tag:

kcal	= kJ	Eiweiß	Fett	KH
4820	20147	194,9 g	166,4 g	600 g

1. Frühstück:	Tee mit Zitrone und Honig, 1 Scheibe Weißbrot, 1 Scheibe Vollkornbrot, 25 g Butter, 1 Scheibe Emmentaler, 1 Ecke Schmelzkäse (20 %).
2. Frühstück: *100 g Karotten* *1 Apfel* *1 Banane* *1 Zitrone* *1 Eßl. Honig*	**Karotten-Apfel-Rohkost** Karotten und Apfel waschen und reiben und mit der feingeschnittenen Banane vermischen. Dann mit dem Saft der Zitrone beträufeln und mit Honig süßen.
Mittagessen: *2 Scheiben Schweineleber à 100 g* *50 g Semmelbrösel* *1 Eßl. Paprika* *Pfeffer, Salz* *1 Zitrone* *2 Eßl. Mehl* *1 Ei* *2 Eßl. Öl*	**Zigeunerleber** Die Semmelbrösel mit Paprikapulver und Pfeffer aus der Mühle mischen. Die Zitrone (ungespritzt) gut waschen, die Schale abreiben und unter die Brösel geben. Die Schweineleber erst in Mehl, dann in einem verschlagenen Ei wenden und danach mit der Bröselmischung panieren. Die Leberscheiben in erhitztem Öl goldgelb braten. Vor dem Servieren salzen und mit Zitronensaft beträufeln. Dazu gibt es Kartoffelpüree (Fertigprodukt) und Kopfsalat mit Zitronendressing (S. 24).
Vesper:	Kaffee mit Milch und Zucker, 2 Stück Biskuitrolle mit Konfitüre.

Abendessen:
1 Zwiebel
3 Matjesfilets
1 grüne Paprikaschote
2 Tomaten
1 Kästch. Kresse
2 Eßl. Tomatenketchup
1 Eßl. Öl
1 Eßl. Essig
1 Eßl. Chilisauce
1 Teel. Zucker
½ Teel. Pfeffer
Petersilie

Zwiebelmatjes

Zwiebel, Matjesfilets (gewässert) und die Paprikaschote in dünne Streifen schneiden. Die Tomaten vierteln, Kerne und Saft entfernen, die Kresse verlesen, waschen und alle Zutaten gut miteinander vermischen. Danach Tomatenketchup, Öl, Essig, Chilisauce, Zucker, Pfeffer und gehackte Petersilie verrühren und die Zwiebelmatjes damit anmachen. Etwa 1 Stunde im Kühlschrank ziehen lassen. Dazu serviert man 1 Portion Pellkartoffeln und einen Apfelsalat (wie S. 140).

Betthupferl:
120 g Quark
etwas Obstsaft
125 g Himbeeren
125 g Äpfel
3 Eßl. Rosinen
1 Zitrone
2 Eßl. Traubenzucker
1 Eßl. Honig
2 Eßl. Eiweißkonzentrat

Quarkbecher

Den Quark (40 %) mit etwas Obstsaft glattrühren. Himbeeren, Apfelstücke und Rosinen unterheben und den Zitronensaft hinzufügen. Mit Traubenzucker und Honig süßen und Eiweißkonzentrat darüber streuen.

Nährstoffgehalt pro Tag:

kcal =	kJ	Eiweiß	Fett	KH
4845	20251	196,5 g	160 g	603,6 g

1. Frühstück: Kaffee mit Milch und Zucker, 1 Portion Kräuterquark (wie S. 49 angereichert mit 1 Eßl. Eiweißkonzentrat), 2 Brötchen, 2 Scheiben Vollkornbrot, 30 g Honig, 30 g Marmelade, 25 g Butter.

2. Frühstück:

1 Becher Joghurt
3 Eßl. Honig
2 Eßl. Eiweißkonzentrat
1 Zitrone
200 g Himbeeren

Himbeer-Honigjoghurt

Man verrührt den Joghurt mit Honig, Eiweißkonzentrat und Zitronensaft und gibt die Mischung über die Himbeeren.

Mittagessen:

1 Zwiebel
1 Karotte
1 Stange Lauch
200 g Weißkraut
200 g Kartoffeln
½ l Fleischbrühe
1 Paar Debrecziner Würstchen
Salz, Pfeffer
1 Teel. Kümmel
1 B. Petersilie

Bunter Gemüsetopf

Zwiebel, Karotte, Lauch und Weißkraut waschen, putzen und in Streifen schneiden. Die Kartoffeln schälen und würfeln. Alle Zutaten in der Fleischbrühe etwa 30 Minuten garen. Dann die in Scheiben geschnittenen Debrecziner hinzugeben, mit Salz, Pfeffer aus der Mühle und Kümmel würzen. Noch einmal kurz aufkochen lassen und den Gemüsetopf vor dem Servieren mit der gehackten Petersilie bestreuen.

Nachtisch: 1 Portion Fruchteis.

Vesper: Kaffee und 2 Stück Obsttorte.

Abendessen:

1 Kopfsalat
50 g Spinat
je 1 Bund Radieschen
Petersilie
Schnittlauch
1 Kästch. Kresse
2 Tomaten
60 g Zunge
60 g gekochter Schinken
1 Eßl. Meerrettich
1 Ei

Vitaminbombe

Salat und Spinat waschen, verlesen, in grobe Streifen schneiden. Radieschen in Scheiben schneiden, Tomaten achteln. Die Kräuter verlesen, waschen und hacken. Die Zutaten leicht mischen und in einer Glasschüssel anrichten. Dann Zunge und Schinken in feine Streifen schneiden und auf dem Salat verteilen. Joghurtdressing (S. 16) mit Meerrettich verfeinern, über den Salat geben. Mit einem Teil der Kräuter bestreuen und mit einem harten Ei garnieren. 10 Minuten durchziehen lassen.

Betthupferl:

1 Apfel
1 Zitrone
2 Eßl. Preiselbeeren
1 Eßl. Rum
1 Tasse Weißwein
1 Eßl. Traubenzucker
1 Eigelb

Bratapfel mit Weinschaum

Den Apfel vorbereiten, Deckel abschneiden, Kerngehäuse entfernen, mit Zitronensaft beträufeln. Die Beeren mit dem Rum verrühren, in den Apfel füllen, im vorgeheizten Ofen (180–220 Grad) garen. Wein mit Traubenzucker und Ei verrühren, im Wasserbad schaumig schlagen und über den Apfel geben.

Farbfoto auf Seite 71

Nährstoffgehalt pro Tag:

kcal	= kJ	Eiweiß	Fett	KH
4860	20316	178,9 g	160,9 g	606,2 g

1. Frühstück:	Tee mit Zitrone und Honig, Haferflokkenmüsli (S. 14), ¼ l Orangensaft, 1 Scheibe Vollkornbrot, 1 Scheibe Zungenwurst.
2. Frühstück:	1 Tasse Feinschmeckersuppe Zwiebel mit Bierhefe aus dem Reformhaus, dazu 1 Brötchen.

Mittagessen:

2 Schweineschnitzel à 100 g
Salz
1 Teel. scharfer Senf
1 Teel. Meerrettich
1 Teel. Paprika
Pfeffer
1 Zwiebel
2 Eßl. Tomatenketchup
2 Eßl. Öl
1 Eßl. Mehl
½ Tasse Bratensauce
½ Tasse Sangrita

Feuerroulade

Die Schnitzel dünn klopfen, salzen und auf einer Seite mit scharfem Senf und Meerrettich bestreichen. Mit Paprikapulver und Pfeffer aus der Mühle würzen. Die Zwiebel schälen und in Scheiben schneiden, auf die Fleischscheiben legen und mit dem Ketchup beträufeln, dann aufrollen und binden. Das Öl in der Pfanne erhitzen, die Rouladen in Mehl wenden und im Fett scharf anbraten, bis sie Farbe bekommen haben. Nun mit Bratensauce (Fertigprodukt) und Sangrita auffüllen und bei schwacher Hitze zugedeckt 20 Minuten schmoren. Wenn die Sauce zu sehr eindickt, mit Rotwein strecken.

Dazu serviert man 1 Portion Salzkartoffeln und Mischgemüse (Rezept auf der nächsten Seite).

	Leipziger Allerlei
50 g Speck *1 Zwiebel* *100 g Leipziger Allerlei* *100 g Brechbohnen (a. d. Dose)* *Muskat, Salz* *Pfeffer, Zucker*	Den kleingeschnittenen Speck in einer Pfanne auslassen und darin die geschnittene Zwiebel glasig dünsten. Das Gemüse hinzufügen, erwärmen und mit etwas Muskat, Salz, Pfeffer und Zucker würzen.
Vesper:	Kaffee mit Milch und Zucker, dazu 2 Stück Biskuitrolle mit Marmelade.
Abendessen:	**Ungarisches Hirtensandwich**
2 Schweinekoteletts à 80 g *Salz, Pfeffer* *1 Eßl. Öl* *1 Zwiebel* *1 Paprikaschote* *Lauch* *Knoblauch* *1 Teel. Paprika* *2 Eßl. Tomatenketchup*	Die Koteletts (ohne Knochen) salzen und pfeffern, in heißem Öl garen. Aus der Pfanne nehmen und warm stellen. Zwiebel und rote Paprikaschote fein würfeln, den Lauch in dünne Scheiben schneiden und in der Pfanne weich dünsten. Mit einer geriebenen Knoblauchzehe, Paprikapulver, Salz und Pfeffer würzen. Mit Tomatenketchup binden. Die Fleischstücke auf eine große Scheibe Bauernbrot legen und mit dem Gemüse bedecken.
Betthupferl:	2 Bananen mit ⅛ l Schokoladensauce.

Nährstoffgehalt pro Tag:

kcal	= kJ	Eiweiß	Fett	KH
4510	18 853	150,9 g	154,2 g	527,6 g

1. Frühstück:	Kaffee mit Milch und Zucker, ¼ l Orangensaft, 2 Scheiben Bauernbrot, 2 Scheiben Leinsamenbrot, 2 Portionen feine Leberwurst, 1 Ecke Schmelzkäse (20 %).
2. Frühstück:	**Himbeer-Honigjoghurt** Zubereitung wie S. 65.
Mittagessen: *250 g Kalbsnieren* *100 g frische Champignons* *1 Zwiebel* *Butter* *2 cl Whisky* *½ Tasse Sahne* *1 B. Petersilie*	**Kalbsnieren „Sir Winston"** Die gewaschenen Kalbsnieren in kleine Scheiben schneiden, die frischen Champignons putzen, waschen und ebenfalls in Scheiben teilen. Die Zwiebel fein hacken. Nun die Nieren in Butter anbraten, Zwiebel und Pilze hinzugeben und mitdünsten. Kurz vor dem Garwerden mit Whisky flambieren. Mit Sahne auffüllen und kurz einkochen lassen. Vor dem Servieren die gehackte Petersilie unterrühren. Als Vorspeise gibt es einen Teller Feinschmeckersuppe Sellerie mit Bierhefe aus dem Reformhaus, zu den Nieren 1 Portion Gabelspaghetti und einen Kopfsalat mit Zitronendressing (S. 24).
Vesper:	Tee mit Zitrone und Honig und 2 Stück Königskuchen.

Abendessen: *200 g Kasseler* *Öl* *2 Scheiben* *Ananas* *2 Scheiben* *Emmentaler Käse* *1 Msp. Paprika*	**Überbackenes Kasseler** Die Scheibe Kasseler mit etwas Öl in einer Pfanne garen, danach herausnehmen, mit Ananas und Emmentaler belegen und etwa 5 Minuten im Grill überbacken. Vor dem Servieren mit Paprika bestreuen. Dazu reicht man Curryreis mit Rosinen, Zubereitung wie auf S. 34.
Nachtisch:	4 Scheiben Ananas.
Betthupferl:	**Vanilleeis mit heißen Himbeeren** Tiefkühlware.

Nährstoffgehalt pro Tag:

kcal	= kJ	Eiweiß	Fett	KH
4850	20274	185,4 g	183 g	562,3 g

Bratapfel mit Weinschaum
Rezept auf Seite 66

Albanische Bauernmahlzeit
Rezept auf Seite 76

1. Frühstück: Kaffee mit Milch und Zucker, Honig-Cornflakes (S. 23), 2 Scheiben Bauernbrot, 1 Scheibe Leinsamenbrot, 1 Portion feine Leberwurst, 1 Ecke Schmelzkäse (20 %).

2. Frühstück: ¼ l Gemüsesaft, 1 Butterbrot mit einer Scheibe Bierschinken.

Mittagessen:

200 g Rotbarschfilet
1 kleine Fenchelknolle
50 g gekochter Schinken
1 Zwiebel
100 g frische Champignons
1 Tomate
Salz, Pfeffer
½ Zitrone
1 Eßl. gehackte Frischkräuter

Rotbarschfilet mit Fenchel

Die Fenchelknolle halbieren, den Strunk entfernen und in dünne Scheiben schneiden. Den gekochten Schinken möglichst klein würfeln und in einer Pfanne anbraten. Das Gemüse, die in Scheiben geschnittene Zwiebel, die ebenfalls in Scheiben geschnittenen Pilze und die enthäutete, entkernte und gewürfelte Tomate in die Pfanne geben und einige Minuten andünsten. Das Fischfilet salzen, pfeffern und mit dem Saft einer halben Zitrone beträufeln, dann auf ein entsprechend großes Stück Alufolie legen. Mit dem Fenchelgemüse bedecken und mit den gehackten Frischkräutern bestreuen. Die Folie schließen und das Rotbarschfilet im vorgeheizten Backofen bei starker Hitze 20 Minuten garen.

Dazu serviert man 1 Portion Reis natur. Vorspeise: 1 Teller Feinschmeckersuppe Steinpilz.

Nachtisch: 1 Portion Fürst Pückler-Eis.

Vesper: Kaffee mit Milch und Zucker, 2 Scheiben Toast mit 25 g Butter und 30 g Honig.

Abendessen:

Cevapcici

100 g Tatar
100 g gemischtes Hackfleisch
1 Knoblauchzehe
Salz, Pfeffer
½ Teel. Paprika
1 Teel. Tomatenmark
1 Teel. Senf
½ Brötchen
1 Eßl. Mehl
1 Eßl. Öl

Das Tatar und das Hackfleisch, die zerriebene Knoblauchzehe, Salz, Pfeffer aus der Mühle, Paprika, Tomatenmark, Senf und das eingeweichte, ausgedrückte Brötchen gut zu einem Fleischteig verkneten. Dann die Masse zu etwa 10 cm langen fingerdicken Rollen formen, in Mehl wenden und in dem heißen Öl garen.

Dazu reicht man zwei verschiedene Salate – einen

Paprika-Kraut-Salat

1 Zwiebel
1 grüne Paprikaschote
1 rote Paprikaschote
200 g Weißkraut
Essig, Öl
Salz, Pfeffer
Zucker

Die Zwiebel, die gewaschenen, entkernten und von den Scheidewänden befreiten Paprikaschoten und das Weißkraut werden in feine Streifen geschnitten, mit Essig, Öl, Salz, Pfeffer und etwas Zucker angemacht. Der Salat muß mindestens 1 Stunde ziehen, ehe man ihn serviert. – Und einen

Apfelsalat

2 Äpfel
1 Zitrone
1 Eßl. Eiweißkonzentrat
2 Eßl. Traubenzucker
1 Eßl. Rosinen
2 cl Maraschino

Die Äpfel waschen, schälen, vierteln, entkernen und in Scheiben schneiden. Danach mit dem Zitronensaft beträufeln. Nun verrührt man das Eiweißkonzentrat mit dem Traubenzucker, den Rosinen und dem Maraschino und vermischt mit den Äpfeln.

Betthupferl:

Kirschquark

120 g Magerquark
1 Zitrone
3 Eßl. Honig
2 Eßl. Traubenzucker
250 g Sauerkirschen

Der Magerquark wird mit dem Zitronensaft, Honig und Traubenzucker glattgerührt und über die Sauerkirschen gegeben.

Nährstoffgehalt pro Tag:

kcal =	kJ	Eiweiß	Fett	KH
4882	20 867	196,7 g	186,4 g	647,7 g

1. Frühstück:	Kaffee mit Milch und Zucker, 1 Scheibe Bauernbrot, 1 Scheibe Vollkornbrot, 1 Brötchen, 1 Scheibe Bierschinken, 1 Portion Mettwurst, 1 Ecke Doppelrahmfrischkäse, 25 g Butter, ¼ l Orangensaft.
2. Frühstück:	**Karotten-Apfel-Rohkost** Rezept S. 63, angereichert mit 1 Eßl. Eiweißkonzentrat.
Mittagessen: *2 Schweinelendchen à 100 g* *Salz, Pfeffer* *50 g gekochter Schinken* *1 Zwiebel* *1 Tasse Pfifferlinge* *1 kleine Dose Erbsen/Karotten* *2 Eßl. Tomatenketchup* *½ Teel. Majoran* *½ Teel. Paprika* *2 cl Slibowitz* *Butter*	**Albanische Bauernmahlzeit** Die Lendchen salzen und pfeffern und nach Geschmack in Butter braten, aus der Pfanne nehmen und warm stellen. Den in Streifen geschnittenen Schinken in die Pfanne geben und mit der geschnittenen Zwiebel dünsten. Nun fügt man die Pfifferlinge und das Gemüse hinzu und gibt das Tomatenketchup darüber. Mit Majoran und Paprika würzen, salzen und pfeffern. Vor dem Servieren mit Slibowitz aromatisieren und über die angerichteten Schweinelendchen geben. Dazu gibt es 1 Portion Nudeln und einen Rote-Bete-Salat. Als Vorspeise: Steinpilzsuppe.
Nachtisch:	**Aprikosenkompott** **Farbfoto auf Seite 72**

Vesper:

Kaffee mit Milch und Zucker, dazu 2 Stück Obstkuchen.

Abendessen:

1 Rumpsteak
Salz, Pfeffer
1 Zwiebel
1 Eßl. Butter
5 Sardellenfilets
1 Gewürzgurke
1 Ei
1 Bund Schnittlauch

Rumpsteak „Feinschmecker Art“

Das Fleisch salzen, pfeffern, braten, die geschnittene Zwiebel in der Butter dünsten. Die gehackten Sardellenfilets (gewässert) und die Gewürzgurke dazugeben. Das Ei verschlagen, salzen und mit den Schnittlauchröllchen in einer Pfanne mit Fett stocken lassen. Das Rührei auf das angerichtete Steak geben.

Dazu reicht man eine Grilltomate und eine Folienkartoffel (S. 62). Zum Abschluß gibt es einen

150 g Fruchteis
1 kleines Glas Heidelbeersaft
2 Eßl. Honig
1 Eßl. Eiweißkonzentrat
125 g Heidelbeeren

Heidelbeerbecher

Das Fruchteis mit Heidelbeersaft, Honig und Eiweißkonzentrat glattrühren und in eine entsprechende Schale geben. Danach die Heidelbeeren über die Creme verteilen.

Nährstoffgehalt pro Tag:

kcal	= kJ	Eiweiß	Fett	KH
4571	19 107	183,2 g	164,2 g	534,5 g

1. Frühstück:

Kaffee mit Milch und Zucker, 1 Scheibe Weißbrot, 1 Scheibe Vollkornbrot, 25 g Butter, 1 Scheibe Emmentaler, 1 Ecke Schmelzkäse (20 %).

2. Frühstück:

250 g Birnen
¼ l Milch
2 Eßl. Honig
2 Eßl. Eiweißkonzentrat

Birnenmilch

Die Birnen pürieren, mit Milch, Honig und Eiweißkonzentrat gut vermischen.

Mittagessen:

1 Kalbssteak à 150 g
1 Scheibe gekochter Schinken
1 Scheibe Holländer Käse
Salz, Pfeffer
2 Eßl. Mehl
1 Ei
3 Eßl. Semmelbrösel
2 Eßl. Butter

Cordon bleu

In das Kalbssteak eine Tasche einschneiden, den gekochten Schinken und den Käse hineingeben und mit einem Holzspießchen verschließen. Dann das Fleisch salzen und pfeffern, zuerst in Mehl, dann in dem verschlagenen Ei und zuletzt in den Bröseln wenden. Die Butter in einer Pfanne erhitzen und das Fleisch darin goldgelb braten.

Als Vorspeise reicht man eine Feinschmeckersuppe Zwiebel mit Bierhefe, zum Fleisch 1 Portion Kartoffelschnee (S. 37) und einen Kopfsalat mit Zitronendressing (S. 24).

Vesper:

1 Paar Landjäger, 1 Scheibe Schwarzbrot.

Abendessen:

Kaiserschmarrn

Zubereitung wie S. 44. Dazu gibt es 1 Portion gemischtes Kompott.

Betthupferl:

250 g Aprikosen
50 g Haferflocken
1 Zitrone
2 Eßl. Eiweißkonzentrat
2 Eßl. Traubenzucker

Aprikosenflocken

Die Aprikosen würfeln, mit Haferflocken, Zitronensaft und Eiweißkonzentrat vermischen. Zuletzt wird mit Traubenzucker gesüßt.

Nährstoffgehalt pro Tag:

kcal	= kJ	Eiweiß	Fett	KH
4834	20204	172,8 g	165,9 g	578 g

1. Frühstück:

Kaffee mit Milch und Zucker, Honig-Cornflakes (S. 23), 2 Brötchen, 25 g Butter, 30 g Honig, 30 g Marmelade.

2. Frühstück:

150 g Quark
1 Karotte
1 Stange Lauch
1 B. Radieschen
Salz, Pfeffer

Gemüsequark

Den Quark mit der geraspelten Karotte, dem in Streifen geschnittenen Lauch und den Radieschenscheiben vermischen. Zuletzt mit Salz und Pfeffer würzen.

Mittagessen:

250 g Seezungenfilet
Salz
2 Zitronen
Worcestersauce
2 Eßl. Mehl
2 Eßl. Butter
1 Eßl. Olivenöl
1 Knoblauchzehe
1 Eßl. gehackte Petersilie

Seezunge „Cruz de Tejeda“

Den Fisch mit dem Saft einer Zitrone und einigen Tropfen Worcestersauce beträufeln und salzen. Das Filet in Mehl wenden und vorsichtig in Butter braten. In einer zweiten Pfanne Olivenöl erhitzen, den Saft der zweiten Zitrone und eine mit Salz verriebene Knoblauchzehe dazugeben. Gut durchrühren. Die fertige Seezunge mit dieser Sauce bedecken und mit gehackter Petersilie bestreuen.

1 Portion Salzkartoffeln und ein Tomatensalat mit Zwiebeln ergänzen die Mahlzeit. Vorspeise: Eine Feinschmeckersuppe Kerbel mit Bierhefe.

Vesper: Kaffee mit Milch und Zucker und eine Quarkschnitte.

Abendessen:

2 Kalbssteaks à 100 g
1 Paket (62,5 g) Frischkäse
2 Eigelb
1 Eßl. Sahne
1 Teel. Curry
1 Msp. Ingwer
1 Banane

Kalbssteak „Beau Rivage"

Die Kalbssteaks je nach Geschmack braten. Dann den Frischkäse mit Eigelb, Sahne, Curry und Ingwerpulver glattrühren. Die in Scheiben geschnittene Banane auf den Steaks verteilen, mit der Käsecreme bestreichen und im Grill überbacken.

Dazu serviert man eine Folienkartoffel (Rezept S. 62), außerdem einen

1 Kopfsalat
2 Tomaten
2 Scheiben Ananas
1 kleine Dose Champignons
1 kleines Glas Oliven
150 g Reis
1 kleine Dose Crevetten
1 Ei
3 Eßl. Mayonnaise
Italiandressing

Salat „Italia"

Den Salat putzen, waschen, zerzupfen. Die enthäuteten, entkernten Tomaten in Streifen schneiden, Ananas würfeln, Pilze und Oliven in Scheiben schneiden. Alle Zutaten mit dem körnig gekochten Reis und den abgespülten Crevetten locker vermengen. Danach das mit der Mayonnaise verrührte Italiandressing (Rezept S. 15) unter den Salat ziehen. Vor dem Servieren mit dem hartgekochten, gehackten Ei bestreuen.

Betthupferl:

100 g Quark
3 Eßl. Milch
1 Eßl. Eiweißkonzentrat
1 kleine Dose Fruchtcocktail
1 Zitrone
2 cl Kirschlikör
Zucker
1 Blatt rote Gelatine

Quarkcreme „Rosi"

Den Quark mit Milch und Eiweißkonzentrat glattrühren. Dann den Fruchtcocktail mit Zitronensaft und Kirschlikör erhitzen – Zucker nach Geschmack hinzufügen – und die Gelatine darin auflösen. Man läßt die Früchte etwas abkühlen und rührt sie dann unter den Quark. Zuletzt füllt man die fertige Creme in ein Glas und läßt sie erkalten.

Nährstoffgehalt pro Tag:

kcal =	kJ	Eiweiß	Fett	KH
5599	23 404	267,5 g	218,4 g	613,8 g

Da die Speisenfolge für diesen Tag recht üppig ausfällt, wäre es vielleicht angebracht, das Betthupferl einzusparen. Damit kämen Sie auf einen Nährstoffgehalt von:

kcal =	kJ	Eiweiß	Fett	KH
4976	20 800	222,2 g	212,0 g	528,6 g

Vorwettkampfkost für Dauersportler

Für einen Dauersportler ist es wichtig, leichtverdauliche Kohlenhydratkost zu sich zu nehmen. Leichte Brotsorten mit Honig, alle Formen von Milchsuppen, die mit Haferflocken, Grieß oder Reis angereichert sind, eignen sich sowohl für Vor- als auch für Zwischenmahlzeiten bei Wettkämpfen, ebenso die nicht so süß schmeckenden mehrkettigen Kohlenhydrate, die heute in allen Formen zur Verfügung stehen. Reine Glukose und Fructose während der Wettkämpfe sind nicht empfehlenswert, da sie zu Unpäßlichkeiten, Sodbrennen, Magenkrämpfen usw. führen. Alle blähenden Speisen (Kohl, Erbsen, Bohnen, Linsen) sind ungeeignet. Während eine Brotmahlzeit 2–3 Stunden vor dem Kampf gegessen werden sollte, können mehrkettige Kohlenhydrate noch eine halbe Stunde vor Wettkampfbeginn genommen werden. Zu diesem Zeitpunkt machen sie noch eine Leistungssteigerung möglich. Möglichst fettarme, aber kohlenhydratreiche Kost, kombiniert mit Eiweißspeisen (Joghurt, weiche Eier, geringe Mengen Tatar), ist etwa 3 Stunden vor dem Kampf ebenfalls sehr günstig für den Dauersportler. Auf diese Weise werde die Glykogenreserven bis auf das maximal Mögliche aufgefullt. Entstehen durch Startverschiebungen größere Pausen, so empfiehlt es sich, sie durch Zufuhr von reinen Kohlenhydraten (z. B. in Form von Energie-Drinks) zu überbrücken.
Schnellkraft- und *Kraftsportler* brauchen vor ihrem Wettkampf jedoch eine vermehrte Eiweißzufuhr. Ein Steak oder Tatar – etwa 3–4 Stunden vorher gegessen – sind hier durchaus angebracht, natürlich in Kombination mit anderen Nahrungsmitteln. Generell gilt, daß ein Sportler nicht mit vollem Magen an den Start gehen darf!

Zwischenwettkampfkost

Belastungen, die mehr als eine Stunde dauern, sollten durch eine Zwischenwettkampfkost ausgeglichen werden. Das betrifft besonders „Dauer- und Mehrfachleister", also Zehnkämpfer, Marathonläufer, Skilangläufer und Radrennfahrer (vor allem bei Etappenrennen). Hier bieten sich ausschließlich Kohlenhydratgemische an, die leicht verdaulich sind, sowie Präparate, die mehrkettige Kohlenhydrate enthalten, geschmacksneutral sind und den Magen nicht belasten. Außerdem sollten dem Körper Mineralien zugeführt werden, und zwar in der gleichen Zusammensetzung, wie sie mit dem Schweiß verlorengehen. Weiterhin ist die Zufuhr von Flüssigkeit wichtig, um die Stoffwechselvorgänge optimal ablaufen zu lassen. Haferschleim, Sojaschleim mit Glukose oder Bienenhonig angereichert, dazu Fruchtsäfte, mit reichlich Vitaminen versetzt, wären hier am Platz. Wichtig ist, daß die Zwischenverpflegung nicht süß ist, damit kein Durstgefühl entsteht. Daß eisgekühlte Getränke sich nicht eignen, kann wohl als bekannt vorausgesetzt werden. Tee, Brühe oder Mineralwasser erfüllen besser ihren Zweck.

Die Regelmäßigkeit der Nahrungsaufnahme sollte für einen Sportler eine Selbstverständlichkeit sein, denn durch die dem Trainingsrhythmus angepaßten festen Essenszeiten werden die Verdauungsvorgänge reguliert und verbessert. Empfehlenswert ist die folgende prozentuale Verteilung der Gesamtkalorien über den Tag:

1. Frühstück	20 %
2. Frühstück	15 %
Mittagessen	25 %
Nachmittag	15 %
Abendessen	25 %

Speisepläne für Dauersportler

1. Frühstück:

Kaffee mit Milch und Zucker, 2 Brötchen, 25 g Butter, 30 g Honig, 30 g Marmelade, 1 Becher fettarmer Fruchtjoghurt.

2. Frühstück:

¼ l Gemüsesaft, 2 Scheiben Vollkornbrot mit Frischkäse.

Mittagessen:

150 g Geflügelleber
Salz, Pfeffer
1 Teel. Paprika
60 g durchwachsener Speck
5 Champignonköpfe
½ Pfirsich
1 Banane
2 Eigelb
1 Zitrone
1 Tasse Weißwein

Gourmet-Schaschlik

Die Geflügelleber kurz in kochendes Wasser tauchen, kalt abspülen und abtrocknen. Mit Salz, Pfeffer und Paprika würzen und in die Speckscheiben einwickeln. Mit den Champignonköpfen, dem grobgewürfelten Pfirsich und der in Scheiben geschnittenen Banane auf einen Spieß stecken. Auf dem Grill garen. Das Eigelb mit dem Zitronensaft und dem Weißwein verrühren, im Wasserbad zu einer schaumigen Sauce aufschlagen und über den angerichteten Spieß geben.

Dazu serviert man 1 Portion Tomatenreis und einen Kopfsalat mit Zitronendressing wie S. 24.

Vesper:

Kaffee mit Milch und Zucker, dazu gibt es 2 Stück Biskuitrolle mit Zitronencreme.

Abendessen:

2 Putensteaks à 100 g
Salz, Pfeffer
1 Teel. Muskat
2 Eßl. Butter
1 Birne
1 Aprikose
1 Zitrone
1 Eßl. Cognac
2 Scheiben Toast

Putensteak „Maître d'Hotel"

Die Putensteaks (Brust) mit Salz und Pfeffer würzen und mit Muskat einreiben. Die Butter in einer Pfanne mäßig heiß werden lassen. Die Steaks von jeder Seite 3 Minuten halbbraun braten, herausnehmen und warm stellen. Die Birnen- und Aprikosenhälften gut abtropfen lassen und etwas zerteilen, dann im Bratensaft erhitzen und mit Zitrone und Cognac beträufeln. Die Steaks auf die gerösteten Toastscheiben legen und mit den Früchten bedecken.

Als Vorspeise wird 1 Teller Feinschmeckersuppe Kerbel mit Bierhefe (Reformhaus) serviert. Zum Essen gibt es ¼ l Orangensaft mit 2 Eßl. Traubenzucker.

Betthupferl:

Fruchtgelee

Rezept S. 57

Nährstoffgehalt pro Tag:

kcal	= kJ	Eiweiß	Fett	KH
4497	18 796	146,2 g	123 g	601,4 g

Kleine Muntermacher zwischendurch

¼ l Tomatensaft
⅛ l Grapefruitsaft
1 Zitrone
2 Eßl. Tomatenketchup
Salz, Pfeffer
Muskat

Tomatensaft mit Pfiff

Alle Säfte werden mit dem Tomatenketchup gut verrührt, dann mit Salz, Pfeffer aus der Mühle und Muskat gewürzt.

Nährstoffgehalt pro Tag:

kcal	= kJ	Eiweiß	Fett	KH
150	627	2 g	–	31 g

⅛ l Orangensaft und Grapefruitsaft
2 Eßl. Traubensaft
1 Eßl. Eiweißkonzentrat

Vitaminspritze

Den frisch gepreßten Saft mit Traubenzucker süßen und mit dem Eiweißkonzentrat anreichern.

Nährstoffgehalt pro Tag:

kcal	= kJ	Eiweiß	Fett	KH
296	1237	12 g	–	64 g

1 Becher Dickmilch
1½ Eßl. Kakaopulver
2 Eßl. Traubenzucker
125 g Fruchtcocktail

Schokodickmilch

Die Dickmilch mit dem Kakaopulver und dem Traubenzucker glattrühren, dann den Fruchtcocktail untermischen.

Nährstoffgehalt pro Tag:

kcal	= kJ	Eiweiß	Fett	KH
450	1881	11,5 g	5,5 g	92

Heilbutt mit Kräutern
Rezept auf Seite 91

Orangensteak vom Hirsch
Rezept auf Seite 100

1. Frühstück: Kaffee mit Milch und Zucker, 2 Brötchen, 2 Scheiben Vollkornbrot, 30 g Honig, 30 g Marmelade.

2. Frühstück: 1 Tasse Fleischbrühe, 1 Scheibe Mischbrot.

Mittagessen:

200 g Heilbutt
1 Zitrone
Salz
1 Zwiebel
1 Eßl. Butter
½ Tasse Weißwein
1 Teel. Speisestärke
1 Eigelb
1 Eßl. Sahne
1 Bund Dill

Heilbutt mit Kräutern

Den Heilbutt waschen und abtrocknen, mit dem Zitronensaft beträufeln, salzen und einige Minuten stehenlassen. Die Zwiebel fein hacken und in Butter glasig dünsten, den Weißwein zugießen und den Fisch darin 15–20 Minuten zugedeckt garen lassen, dann herausnehmen und warm stellen. Die Sauce durch ein Sieb streichen und mit der in Wasser angerührten Speisestärke binden. Das Eigelb mit Sahne verschlagen und die Sauce damit legieren. Zuletzt den gehackten Dill unterziehen und über den angerichteten Fisch geben.

Dazu serviert man Salzkartoffeln und einen Kopfsalat mit Zitronendressing (S. 24).
Als Vorspeise gibt es eine Feinschmeckersuppe Bohnen mit Bierhefe (Reformhaus).

Farbfoto auf Seite 89

Vesper:

Kaffee mit Milch und Zucker und 2 Stück Biskuitrolle mit Marmelade.

Abendessen:

2 Scheiben Toast
1 Frischkäse à 62,5 g
100 g Hackfleisch
1 Ei
25 g Rosinen
½ Teel. grüner Pfeffer
1 Teel. Salz
1 Eßl. Chilisauce
½ Teel. Paprika
2 Eigelb
1 Eßl. Parmesan

Pikanter Hackfleischtoast

Die Toastscheiben mit Frischkäse bestreichen. Das Hackfleisch mit Ei, Rosinen, Pfefferkörnern, Salz, Paprika und Chilisauce vermengen. Die Mischung auf die Toastscheiben streichen und in die Mitte eine Vertiefung eindrücken, in die man jeweils ein Eigelb gleiten läßt. Zuletzt mit dem Parmesankäse bestreuen und im Grill ca. 6 Minuten überbacken.

Zum Abschluß der Mahlzeit gibt es

Aprikosenflocken
(Rezept auf S. 79)

Betthupferl:

Honigkirschen
(Zubereitung wie S. 22)

Nährstoffgehalt pro Tag:

kcal =	kJ	Eiweiß	Fett	KH
4493	18 774	141,8 g	123,2 g	696 g

1. Frühstück:

Kaffee mit Milch und Zucker, 2 Scheiben Bauernbrot, 1 Scheibe Leinsamenbrot, 2 Portionen feine Leberwurst, 1 Ecke Schmelzkäse (20 %), ¼ l Milch mit 2 Eßl. Traubenzucker.

2. Frühstück:

1 Becher Magermilchjoghurt
3 Eßl. Traubenzucker
150 g Ananas

Ananascocktail

Den Magerjoghurt gut mit dem Traubenzucker vermischen und über die gewürfelte Ananas geben.

Mittagessen:

2 Schweinefilets à 100 g
Salz, Pfeffer,
1 Eßl. Selleriekraut
1 Eßl. Butter
1 Zwiebel
100 g Senfgurken
75 g Pfifferlinge
75 g grüne Bohnen
1 Eßl. Mehl
⅛ l dunkles Bier
1 Tasse Bratensauce

Pilsener Bierfleisch

Die Schweinefilets salzen, pfeffern und mit dem Selleriekraut einreiben. Dann mit der Butter in einer Pfanne braten. Danach die geschnittene Zwiebel, Senfgurken, Pfifferlinge und Bohnen (a. d. Dose) hinzufügen und kurz mitbraten. Die Filets herausnehmen und warm stellen. Die in der Pfanne verbliebenen Zutaten mit Mehl bestäuben, mit dunklem Bier ablöschen, mit der Bratensauce (Fertigprodukt) auffüllen und verkochen lassen. Dann die Sauce über die angerichteten Filets geben und sofort servieren.

Vorspeise: 1 Teller Tomatencremesuppe (Fertigprodukt).

Zu dem Fleisch gibt es 1 Portion Bratkartoffeln, einen Rote-Bete-Salat und als

Nachtisch: **Pflaumenkompott**

Vesper: Kaffee mit Milch und Zucker, dazu 1 Stück Apfelstrudel.

Abendessen: **Flohmarktsalat**

100 g gekochter Schinken
50 g frische Champignons
1 Zitrone
je 1 rote und grüne Paprikasch.
30 g Emmentaler
2 Eßl. gehackte Kräuter

Den Schinken in feine Streifen schneiden. Die Champignons putzen, waschen, in Scheiben schneiden und mit dem Zitronensaft beträufeln. Die Paprikaschoten halbieren, entkernen, Scheidewände entfernen und in dünne Streifen schneiden. Die Zutaten mit den gehackten Kräutern gut vermengen und in einer Salatschüssel anrichten. Den Salat mit Zitronendressing (S. 24) übergießen. Dazu ißt man ein Butterbrot.

Betthupferl: **Apfelsalat**

Rezept S. 75.

Nährstoffgehalt pro Tag:

kcal =	kJ	Eiweiß	Fett	KH
4495	18790	151 g	118,5 g	602,8 g

1. Frühstück: Tee mit Zitrone und Honig, 1 Portion Honig-Cornflakes (S. 23), 25 g Butter, 2 Scheiben Vollkornbrot, 2 Scheiben Zungenwurst.

2. Frühstück: **Fruchtjoghurt**
Rezept S. 21 und 1 Eßl. Eiweißkonzentrat.

Mittagessen: **Bohneneintopf**

150 g Kartoffeln
1 Zwiebel
1 Eßl. Öl
1 Paar Wiener Würstchen
1 Teel. Rosenpaprika
1 kleine Dose weiße Bohnen
Salz, Pfeffer
½ Teel. Bohnenkraut

Die Kartoffeln schälen und in Salzwasser garen. Die Zwiebeln würfeln und in dem Öl glasig dünsten, dann die Wiener in Scheiben schneiden und zu den Zwiebeln geben, kurz mitbraten. Mit Rosenpaprika bestäuben, mit den Bohnen und der Dosenflüssigkeit auffüllen und erhitzen. Nun die garen Kartoffeln zerstampfen und als Bindung in den Bohnentopf geben. Mit Salz, Pfeffer und Bohnenkraut würzen.

Als Nachtisch serviert man einen

Heidelbeerbecher
(Zubereitung wie S. 77)

Vesper: Kaffee mit Milch und Zucker und 2 Stück Biskuitrolle mit Zitronencreme.

Abendessen:
1 Kalbsschnitzel
à 150 g
Salz, Pfeffer
1 B. Petersilie
1 B. Dill
1 B. Schnittlauch
1 Ei
1 Eßl. Olivenöl

Kräuterschnitzel
Das Fleisch klopfen, salzen und pfeffern. Petersilie, Dill und Schnittlauch fein hacken oder schneiden. Das Ei mit den Kräutern verschlagen, das Schnitzel darin wenden und in dem Olivenöl ausbacken.

Dazu serviert man eine Salatplatte (S. 16) mit Zitronendressing (S. 24). Als Vorspeise gibt es einen Teller Feinschmeckersuppe Sellerie mit Bierhefe (Reformhaus).

Betthupferl:
1 Apfel
1 Zitrone
1 Eßl. Rum
1 Eiweiß
1 Teel. Zucker
2 Eßl. Preiselbeeren

Großmutters Bratapfel
Den Apfel waschen, abtrocknen, den Deckel abschneiden, das Kerngehäuse entfernen und mit dem Zitronensaft beträufeln. Die Beeren mit dem Rum verrühren und in den Apfel füllen. Im vorgeheizten Backofen garen. Das Eiweiß sehr steif schlagen, Zucker unterrühren, auf den Apfel geben und bei starker Oberhitze überbacken. Vor dem Servieren mit Puderzucker bestreuen.

Nährstoffgehalt pro Tag:

kcal =	kJ	Eiweiß	Fett	KH
4501	18813	144,5 g	114,7 g	699,5 g

1. Frühstück: Kaffee mit Milch und Zucker, 1 Scheibe Vollkornbrot, 1 Scheibe Bauernbrot, 1 Scheibe gekochten Schinken, 1 Ecke Doppelrahmfrischkäse. Dazu ein Haferflockenmüsli (Zubereitung S. 14).

2. Frühstück: **Buttermilchflip**
Rezept S. 52

Mittagessen: **Lamm-Medaillons vom Rost**

3 Lamm-Medaillons à 60 g
Pfeffer
2 Eßl. Öl
2 Knoblauchzehen
½ Teel. Salz
1 Teel. Thymian

Die Lamm-Medaillons auf beiden Seiten pfeffern. Eine Gewürzmischung aus Öl, zerriebenen Knoblauchzehen, Salz und Thymian bereiten und die Medaillons während des Grillvorganges mehrmals damit bestreichen. Dazu serviert man eine

Folienkartoffel
wie auf S. 62 und

Karottengemüse

1 Eßl. Butter
1 Zwiebel
200 g Karotten
⅛ l Mineralwasser
Salz, Pfeffer
Kerbel

Butter in einem Topf zerlassen und die gewürfelte Zwiebel darin dünsten. Die geputzten, in Scheiben geschnittenen Karotten hinzufügen, kurz mitdünsten und mit Mineralwasser auffüllen. Mit Salz, weißem Pfeffer, gehacktem Kerbel würzen und garen lassen.

Vesper:

Kaffee mit Milch und Zucker, dazu 2 Amerikaner.

Abendessen:

1 Kalbsniere à 250 g
Öl
½ Tasse Weißwein
1 Teel. Curry
½ Teel. Ingwerpulver
1 Scheibe Ananas
1 Banane
2 Eßl. Sahne
½ Tasse helle Instantsauce
1 Zitrone
Salz, Pfeffer

Currynieren

Die Kalbsniere waschen, würzen und in heißem Öl anbraten. Bei schwacher Hitze etwa 15 Minuten weitergaren, herausnehmen, in Scheiben schneiden und warm stellen. Den Bratensatz mit Weißwein ablöschen, Curry und Ingwerpulver zugeben und leicht anschwitzen. Die gewürfelte Ananas und die in Scheiben geschnittene Banane ebenfalls etwas mitdünsten. Sahne zugeben, verkochen und mit der Instantsauce auffüllen. Mit Salz, Pfeffer und Zitronensaft abschmecken. Die Sauce über die angerichteten Nieren geben.

Dazu reicht man 1 Portion Reis natur und einen Kopfsalat mit Zitronendressing (S. 24).

Nachtisch:

Rote Grütze
(Fertigprodukt)

Betthupferl:

Frischobst
1 Apfel, 1 Orange, 1 Banane

Nährstoffgehalt pro Tag:

kcal =	kJ	Eiweiß	Fett	KH
4149	17 342	153,0 g	123,9 g	588,8 g

1. Frühstück:

Kaffee mit Milch und Zucker, 2 Brötchen, 25 g Butter, 30 g Honig, 30 g Marmelade. Dazu gibt es Cornflakes (50 g mit ¼ l Milch und 2 Eßl. Traubenzucker).

2. Frühstück:

Fruchtjoghurt
Zubereitung wie S. 21

Mittagessen:

100 g Hähnchenfleisch
1 Eßl. Öl
1 Zwiebel
1 Stange Lauch
2 Karotten
½ l Fleischbrühe
1 Dose Erbsen
100 g Fadennudeln
Salz, Pfeffer
1 Eßl. gehackte Petersilie

Bunter Geflügeltopf
Das Hähnchenfleisch in mundgerechte Stücke schneiden und kurz in Öl anbraten. Die geputzte, gewürfelte Zwiebel, den Lauch und die Karotten hinzugeben und kurz mit dem Fleisch erhitzen. Dann mit Fleischbrühe ablöschen und garen. Dann die grünen Erbsen und die gekochten Fadennudeln hineingeben und mit Salz und Pfeffer aus der Mühle würzen. Vor dem Servieren mit gehackter Petersilie bestreuen.

Vesper:

Tee mit Zitrone und Honig, dazu 1 Stück Nußkuchen mit Schokolade.

Abendessen:
1 Hirschsteak à 180 g
1 Eßl. Butter
1 Teel. Zucker
2 Eßl. Johannisbeergelee
1 Eßl. Preiselbeeren
1 Orange
30 g Edelpilzkäse
1 Eßl. Senfmehl
1/8 l Rotwein
1 Tasse Bratensauce
2 cl Orangenlikör
Salz, Pfeffer

Orangensteak vom Hirsch
Die Butter in einem Topf zerlassen. Zucker, Johannisbeergelee, Preiselbeeren, abgeriebene Schale der Orange (ungespritzt), Edelpilzkäse und Senfmehl darin verrühren. Mit Rotwein ablöschen und mit der Instant-Bratensauce auffüllen und einkochen lassen. Vor dem Servieren mit Orangenlikör aromatisieren. Das Steak salzen, pfeffern und in einer Pfanne oder auf dem Grill zart und rosa braten.

Dazu serviert man je 1 Portion Rosenkohl und Spätzle. Steak, Sauce und Beilagen getrennt auftragen!

Betthupferl:
2 Kugeln Vanilleeis
1 Birne
1 Tasse Schokoladensauce

Birne Helene
Das Eis in einem Glas anrichten, die Birnenhälften darauflegen. Zuletzt mit heißer Schokoladensauce übergießen.

Nährstoffgehalt pro Tag:

kcal	= kJ	Eiweiß	Fett	KH
4497	18 797	150,4 g	104,7 g	657,2 g

Farbfoto auf Seite 90

1. Frühstück:

Kaffee mit Milch und Zucker, Honig-Cornflakes (S. 23), 2 Scheiben Bauernbrot, 1 Portion Mettwurst (30 g), 1 Portion Frischkäse (20 %), ¼ l Orangensaft mit 2 Eßl. Traubenzucker.

2. Frühstück:

Karottenrohkost
Rezept S. 33

Mittagessen:

150 g Rinderfilet
Salz, Pfeffer
1 Eßl. Öl
1 Zwiebel
½ Birne
1 Tasse Senfgurken
1 Tasse Mischpilze
1 Eßl. Preiselbeeren
½ Teel. Paprika
2 Eßl. Tomatenketchup
1 Tasse Bratensauce
2 cl Kirschlikör
1 Eßl. gehackte Frischkräuter

Bayerisches Pilzragout

Das in Scheiben geschnittene Rinderfilet in einer Pfanne kurz in heißem Öl braten, salzen, pfeffern, herausnehmen und warm stellen. Die gehackte Zwiebel in die Pfanne geben und etwas Farbe nehmen lassen. Birne, Senfgurken und Pilze in dünne Scheiben schneiden, zu den Zwiebeln geben und 5 Minuten dünsten. Nun Preiselbeeren, Paprikapulver und Tomatenketchup hinzufügen, mit fertiger Bratensauce auffüllen und verkochen. Vor dem Servieren mit Kirschlikör verfeinern und die Filetscheiben mit der Sauce bedecken. Zuletzt mit gehackten frischen Kräutern bestreuen.

Zu dem Pilzragout gibt es 1 Portion Salzkartoffeln, als Nachtisch Aprikosenkompott.

Vesper:	Kaffee mit Milch und Zucker, dazu 1 Stück Nußkranz.

Abendessen: *1 Kopf Salat* *1 B. Radieschen* *2 Tomaten* *1 B. Petersilie* *1 Bund Schnittlauch* *60 g Emmentaler* *50 g Hühnerfleisch* *50 g Pökelzunge* *4 Sardellenfilets* *1 Ei* *Zitronendressing* *2 Eßl. Senf* *Weißbrot* *Knoblauchpulver*	**Omas Salatschüssel** Den Salat putzen und waschen, Radieschen in Scheiben schneiden, Tomaten vierteln, Kräuter hacken und alles leicht vermischen. In einer Schüssel anrichten. Den Käse, das gare Hühnerfleisch und die Pökelzunge in Streifen schneiden. Sardellenfilets (gewässert) und hartgekochtes Ei hacken und in dieser Reihenfolge über den Salat geben. Mit Zitronendressing (S. 24), das mit Senf verrührt wurde, übergießen. Vor dem Servieren das Weißbrot entrinden, würfeln und in einer trockenen Pfanne rösten, auf den Salat geben und mit Knoblauch bestreuen.

Betthupferl: *2 Bananen* *1 Eßl. Zucker* *1 Zitrone* *2 cl Eierlikör*	**Bananenschnee** Die geschälten Bananen pürieren und mit Zucker, Zitronensaft und Eierlikör gut schaumig rühren.

Nährstoffgehalt pro Tag:

kcal	= kJ	Eiweiß	Fett	KH
4493	18782	141 g	119,5 g	651 g

1. Frühstück:	Tee mit Zitrone und Honig, 1 Portion Honig-Cornflakes (S. 23), 2 Scheiben Bauernbrot, 2 Ecken Doppelrahmfrischkäse, ¼ l Orangensaft.
2. Frühstück:	1 Scheibe Bauernbrot mit 2 Tomaten in Scheiben, ¼ l Gemüsesaft mit Eiweißkonzentrat.
Mittagessen: *150 g Hackfleisch* *1 Zwiebel* *1 Eßl. Öl* *30 g Semmelbrösel* *1 Knoblauchzehe* *½ Teel. Salz* *1 Teel. Majoran* *½ Teel. Pfeffer* *1 Portion Kartoffelbrei (Fertigprodukt)* *1 Eßl. Butter*	**Bauernschmaus** Die Zwiebel schälen und fein hacken. Das Öl in einer Pfanne erhitzen und die Zwiebel darin andünsten. Danach Semmelbrösel und Hackfleisch hinzugeben und alles gut 4 Minuten durchrühren. Inzwischen die Knoblauchzehe schälen, fein schneiden und mit Salz zerreiben. Das Brät mit Knoblauch, Majoran und Pfeffer würzen und zum Schluß 1 Portion Kartoffelbrei untermengen. Die Masse in eine gefettete Auflaufform geben, mit Butterflocken belegen und im vorgeheizten Backofen bei starker Hitze 20–30 Minuten backen. Dazu gibt es einen Rote-Bete-Salat und als Vorspeise einen Teller Feinschmeckersuppe Steinpilz mit Bierhefe aus dem Reformhaus.
Nachtisch:	**1 Portion Fruchteis**

Vesper:	Kaffee mit Milch und Zucker und 2 Stück Biskuitrolle mit Marmelade.
Abendessen: *3 Kartoffeln (ca. 200 g)* *100 g gekochter Schinken* *50 g Emmentaler Käse* *1 Zwiebel* *1 Gewürzgurke* *1 Eßl. mittelscharfer Senf* *½ Teel. Paprikapulver* *Pfeffer, Salz* *1 Eßl. Selleriekraut (gerebelt)* *2 Eßl. Essig* *1 Eßl. Olivenöl* *2 Eßl. Wasser* *1 Bund Schnittlauch*	**Schweizer Salat** Die Kartoffeln kochen, pellen und auskühlen lassen. Dann in 1 cm große Würfel schneiden, ebenso die Gewürzgurke und den Käse. Die Zwiebel schälen und fein würfeln, den gekochten Schinken in Streifen schneiden. Nun werden der Senf, das Paprikapulver, Pfeffer aus der Mühle, Salz und Selleriekraut mit Essig, Olivenöl und Wasser gut verrührt. Die Marinade über die Salatzutaten gießen, gut durchmischen und nach dem Anrichten mit dem gehackten Schnittlauch bestreuen. Zu dem Salat gibt es 2 Scheiben Bauernbrot.
Betthupferl:	**Birne Helene** Rezept S. 100

Nährstoffgehalt pro Tag:

kcal	= kJ	Eiweiß	Fett	KH
4480	18 729	130,8 g	131,7 g	679,7 g

Maisforelle vom Grill
Rezept auf Seite 109

Opas Super-Dessert
Rezept auf Seite 111

1. Frühstück:	Kaffee mit Milch und Zucker, 2 Scheiben Vollkornbrot, 1 Scheibe Zungenwurst, 1 Scheibe Cervelatwurst, ¼ l Orangensaft mit 2 Eßl. Traubenzucker.
2. Frühstück:	1 Sandwich mit 2 Scheiben Roastbeef, ¼ l Tomatensaft.
Mittagessen: *1 Forelle, 250 g* *1 Zitrone* *1 Eßl. Worcestersauce* *1 Eßl. Dill* *1 Eßl. Petersilie* *2 Maiskolben* *Butter* *Salz*	**Maisforelle vom Grill** Die ausgenommene Forelle mit dem Zitronensaft und der Worcestersauce beträufeln, salzen, mit den gehackten Kräutern bestreuen und einige Minuten ziehen lassen. Die gut reifen Maiskolben aus den Blättern schälen, diese um die Forelle wickeln, mit einem dünnen Draht befestigen und mit Butter bestreichen. Den Mais 10 Minuten vorkochen, ebenfalls mit Butter bestreichen und wie den Fisch 30–35 Minuten auf dem Grill garen. Dazu reicht man 1 Portion Salzkartoffeln und einen Kopfsalat mit Zitronendressing (S. 24). Als Vorspeise gibt es eine Gemüsesuppe italienisch (Fertigprodukt).
Nachtisch:	**5 kleine Scheiben Ananas**
	Farbfoto auf Seite 107

Vesper:	Kaffee mit Milch und Zucker und 2 Stück Obstkuchen.
Abendessen: *2 Scheiben Ochsenfilet* *Salz, Pfeffer* *1 Eßl. Öl* *1 Zwiebel* *150 g Senfgurken* *50 g Essiggurke* *100 g Steinpilze* *3 Eßl. Mehl* *1 Schuß Weißwein* *1 Tasse Fleischbrühe* *2 cl Wodka*	**Ukrainisches Pfefferfleisch** Das Ochsenfleisch salzen und gut pfeffern, in einer Pfanne mit Öl nach Geschmack braten. Dann herausnehmen und warm stellen. Nun die geschnittene Zwiebel, Gurken und Steinpilze in der Pfanne andünsten, mit Mehl bestäuben, mit Weißwein ablöschen und mit Fertigbrühe auffüllen. Alles einige Minuten dünsten lassen. Vor dem Servieren mit Wodka aromatisieren, noch einmal mit Pfeffer aus der Mühle würzen und über das angerichtete Filet geben. Dazu serviert man
200 g Kartoffeln *1 Eßl. Öl* *1 Zwiebel* *1 Teel. Majoran* *Salz, Pfeffer*	**Majorankartoffeln** Die gewürfelte Zwiebel läßt man in dem Öl glasig dünsten, dann werden die gekochten, geschälten und in Scheiben geschnittenen Kartoffeln darin geröstet. Zuletzt würzt man mit Majoran, Salz und Pfeffer. Zu der Mahlzeit reicht man einen Tomatensalat mit Zwiebeln.

Betthupferl:
200 g rote Johannisbeeren
100 g Zitroneneis
4 cl Johannisbeerlikör
3 Eßl. Traubenzucker

Opas Super-Dessert

Die Beeren waschen, abzupfen und gut abtropfen lassen. Dann die Hälfte der Johannisbeeren pürieren und mit Zitroneneis, dem Likör und dem Traubenzucker zu einer Creme verrühren. Die andere Hälfte der Johannisbeeren in einem dekorativen Glas anrichten, mit der Creme bedecken und mit einigen zurückgelassenen Beeren verzieren.

Nährstoffgehalt pro Tag:

kcal =	kJ	Eiweiß	Fett	KH
4508	18842	138,3 g	122,5 g	602,3 g

Farbfoto auf Seite 108

1. Frühstück: Kaffee mit Milch und Zucker, 2 Scheiben Bauernbrot, 1 Scheibe Leinsamenbrot, 1 Portion feine Leberwurst, 1 Ecke Schmelzkäse (20 %), 25 g Butter.

2. Frühstück: ¼ l Orangensaft.

Mittagessen:

150 g Kalbsfilet
1 Eßl. Öl
1 kleine Dose Champignons
⅛ l Bratensauce
3 Eßl. Sahne
1 Bund Petersilie
Salz, Pfeffer

Kalbsfilet mit Champignons

Das Öl in einer Pfanne erhitzen und das Kalbsfilet darin braten. Kurz vor dem Garwerden die Champignons hinzugeben und leicht mitbraten. Danach das Fleisch herausnehmen und warm stellen. Nun den Fond mit der Bratensauce (Fertigprodukt) binden, die Sahne unterziehen und mit der gehackten Petersilie vermischen. Einkochen lassen, mit Salz und Pfeffer würzen und die Sauce über das angerichtete Filet geben.

Als Beilage gibt es eine Folienkartoffel (S. 62) und 1 Portion Leipziger Allerlei (S. 68).

Nachtisch: **Vanilleeis mit heißen Himbeeren**
Tiefkühlkost mit Zucker.

Vesper: Kaffee mit Milch und Zucker, dazu serviert man 1 Stück Käsekuchen.

Abendessen:

250 g Leber
1 Eßl. Butter
1 Zwiebel
2 Eßl. Sahne
1 Bund Petersilie
Salz, Pfeffer
1 Msp. Muskat
1 Msp. Paprikapulver
1 Eßl. Mehl

Kräuterleber

Die Zwiebel schälen, würfeln und in der Butter weichdünsten, dann mit der Sahne auffüllen und etwas einkochen lassen. Nun die gehackte Petersilie hinzufügen und mit Salz, Pfeffer, Muskat und Paprikapulver abschmecken. Die von den Sehnen befreite, gewaschene und abgetrocknete Leber wird in Mehl gewendet und von jeder Seite kurz angebraten. Man richtet sie auf einem Teller an und übergießt sie mit der Kräutersauce.

Zu der Leber reicht man 1 Portion

Kartoffelschnee

Rezept S. 37

Ein Endiviensalat mit Italiandressing (S. 15) ergänzt die Mahlzeit, und als Vorspeise wird ein Teller Tomatencremesuppe serviert. Den Abschluß bildet ein

Fruchtsalat

Rezept S. 60

Betthupferl:

1 Apfel
125 g Pfirsich
125 g Birnen
1 Eßl. Butter
2 Eßl. Honig
1 Eßl. Traubenzucker

Heißer Fruchtcocktail

Apfel und Birnen waschen und schälen, Pfirsich enthäuten und alle Früchte in kleine Würfel schneiden. Die Butter in einer Pfanne erhitzen, das Obst hinzufügen und andünsten. Zuletzt mit Honig und Traubenzucker süßen. Der Fruchtcocktail wird heiß serviert.

Nährstoffgehalt pro Tag:

kcal	= kJ	Eiweiß	Fett	KH
4459	18 637	145,4 g	129,5 g	739,3 g

1. Frühstück:	Tee mit Zitrone und Honig, 1 Scheibe Bauernbrot, 1 Scheibe Roggenbrot, 1 Brötchen, 1 Portion Mettwurst, 1 Portion Frischkäse, ⅛ l Orangensaft.
2. Frühstück:	**Ananascocktail** Rezept S. 93
Mittagessen: *150 g Rostbraten* *Salz, Pfeffer* *½ Teel. Senf* *1 Teel. Majoran* *1 Wiener Würstchen* *1 Zwiebel* *1 rote und 1 grüne Paprikaschote*	**Johannisspieß** Das Fleisch flach klopfen, mit Salz würzen, mit Senf bestreichen, pfeffern und mit Majoran bestreuen. Das Würstchen in das Fleisch einrollen und in drei Teile schneiden. Die Zwiebel schälen, vierteln, die Paprikaschoten putzen, waschen, ebenfalls vierteln und blanchieren. Das Fleisch von der Seite her abwechselnd mit Zwiebeln und Paprika auf einen Spieß stecken und auf dem Grill garen. Dazu serviert man 1 Portion Salzkartoffeln und einen Gurkensalat mit Joghurtdressing (S. 16). Als Entree gibt es einen Teller Feinschmeckersuppe Zwiebel mit Bierhefe.
Vesper:	Kaffee mit Milch und Zucker, dazu 1 Stück Apfelstrudel.

Abendessen:

200 g Ochsenfilet
1 Teel. Butter
50 g Steinpilze
50 g Pfifferlinge
50 g Senfgurken
50 g Rote Bete
Salz, Pfeffer
2 Eßl. Parmesan
1 Teel. Butterflocken
1 Gewürzgurke
8 Silberzwiebeln

Vappussteak

Die Butter in eine heiße Pfanne geben und die jeweils in Scheiben geschnittenen Pilze, Senfgurken und Rote Bete darin ziehen lassen. Das Ochsenfilet nach Geschmack grillen und mit Salz und Pfeffer würzen. Die angedünsteten Zutaten über das Filet verteilen, mit Parmesankäse bestreuen, mit Butterflocken bedecken und im Grill überbacken. Zuletzt wird mit der Gewürzgurke und den Silberzwiebeln garniert.

2 Scheiben Weißbrot ergänzen die Mahlzeit, und zum Abschluß gibt es einen Sportlercocktail wie S. 32.

Betthupferl:

Heidelbeerbecher

Rezept auf S. 77

Nährstoffgehalt pro Tag:

kcal	= kJ	Eiweiß	Fett	KH
4485	18 750	172,4 g	121,5 g	702 g

Ratschläge für Trimmsportler

Nachdem der Trimmsport zu einer Massenbewegung geworden ist, liegt es nahe, auch die Ernährung dieser Sportler ihren körperlichen Belastungen anzupassen. Eine exakte Angabe des Nährstoffverbrauchs ist jedoch bei der biologisch unterschiedlich zu wertenden Bezeichnung „Trimmsport" schwer möglich. Deshalb sollte sich ein Trimmsportler zunächst Gedanken über Dauer und Stärke seiner Leistungen machen. Anhand einer gängigen Kalorientabelle sollte er die bisher aufgenommene Nahrung errechnen und seine Leistungen gegenüberstellen. Dabei wird mancher mit Schrecken feststellen, wieviel körperliche Energie man doch aufbringen muß, um ein Bier oder eine Handvoll Erdnüsse zu „neutralisieren".

Ein Beispiel: In einem Glas Bier (200 g) oder Wein (125 g) oder 50 g Eiskrem sind ca. 95 kcal. enthalten. Man muß ca. 56 Minuten mit einer Durchschnittsgeschwindigkeit von 2 km auf einem ebenen Weg gehen, um diese Genußmittel zu verbrennen.

Man kann derartige Horrorvorstellungen von vornherein vermeiden, wenn man sich vernünftig ernährt. Wir wollen Ihnen dabei helfen. Unsere Kostvorschläge für Trimmsportler sind mit durchschnittlich 3000 kcal. auf eine Normalperson mittleren Alters mit ca. 70 kg bezogen. Dabei wurde unterstellt, daß es sich um eine Person mit leichter beruflicher Tätigkeit handelt, die täglich mindestens 20 Minuten läuft (12 km/Stunde) oder 20 Minuten schwimmt (20 m/Minute) oder eine andere entsprechende Leistung vollbringt.

10 beachtenswerte Regeln

1. Essen Sie leistungsgerecht.
2. Verteilen Sie den täglichen Nahrungsbedarf auf mehrere kleinere Zwischenmahlzeiten. Das Auslassen einer Mahlzeit macht weder schlank, noch ist es leistungsfördernd.
3. Kraft- oder Schnellkraftleistungen erfordern vermehrte Eiweißzufuhr: Joghurt, Quark, Fisch, Käse, Fleisch und Ei.
4. Für vermehrte Ausdauerleistungen sind Kohlehydrate wichtig. Sie sind schnelle Energiespender. Im Übermaß genossen machen sie dick und schränken die Leistungsfähigkeit ein.
5. Meiden Sie tierische Fette. Pflanzliche Fette beugen der Entstehung einer Arteriosklerose vor.
6. Frischkost, Obst und Gemüse fördern nicht nur die Verdauung, sie führen dem Organismus alle notwendigen Vitamine zu. Nur in Ausnahmefällen sind Vitaminpräparate notwendig.
7. Erhöhte Schweißabgabe erfordert zusätzliche Spurenelemente (Salzgemische – sie verhindern Krämpfe und Adynamie).
8. Gehen Sie nie mit leerem Magen aus dem Haus. Physische und psychische Belastungen können zu Magenschädigungen führen.
9. Ein kurzer, forscher Spaziergang nach einer größeren Mahlzeit fördert die Verdauung, verhindert Fettansatz und bewirkt einen guten Schlaf.
10. Meiden Sie Nikotin. Körperliche Leistungen können die Wirkungen des Giftes nicht neutralisieren.

Speisepläne für Trimmsportler

1. Frühstück:

Tee mit Zitrone und Honig, 1 Scheibe Vollkornbrot, 1 Scheibe Bauernbrot, 1 Scheibe gekochten Schinken, 1 Ecke Doppelrahmfrischkäse.

2. Frühstück:

150 g Pfirsiche a. d. Dose
½ Becher Magermilchjoghurt
1 Eßl. Traubenzucker
½ Zitrone

Pfirsichjoghurt

Die Pfirsiche abtropfen lassen und in Streifen schneiden. Dann den Joghurt mit dem Traubenzucker verrühren und über die Pfirsiche geben.

Mittagessen:

150 g Truthahnsteak
1 Eßl. Butter
1 Zwiebel
100 g Steinpilze
Salz, Pfeffer
1 Teel. Thymian

Truthahnsteak mit Steinpilzen

Die Butter in einer Pfanne zerlassen, darin eine kleine, gewürfelte Zwiebel glasig dünsten. Danach die in Scheiben geschnittenen Steinpilze dazugeben und kurz mitbraten. Das Truthahnsteak mit Salz, Pfeffer aus der Mühle und Thymian würzen und auf Alufolie legen. Man gibt die gedünsteten Pilze darauf, verschließt die Folie und gart das Fleisch im vorgeheizten Ofen bei 200 Grad 15 Minuten lang.

Als Beilage wird eine Folienkartoffel (S. 62) serviert. Außerdem gibt es einen Kopfsalat mit Zitronendressing (S. 24). Als Vorspeise: Feinschmeckersuppe Tomate mit Bierhefe.

Vesper:	Kaffee mit Milch und Zucker, dazu 1 Stück Biskuitrolle mit Marmelade.
Abendessen:	**Salbeifilet vom Schwein**
2 Schweinemedaillons à 80 g *Salz, Pfeffer* *1 Msp. gemahlener Kümmel* *1 Teel. Salbei* *1 Eßl. Öl*	Die Schweinemedaillons salzen und pfeffern, mit Kümmel und Salbei einreiben. Das Öl in einer Pfanne erhitzen und das Fleisch nach Geschmack braten. Dazu gibt es 1 Grilltomate und 1 Portion
	Bohnengemüse
1 Eßl. Butter *1 Zwiebel* *150 g Brechbohnen* *1 Teel. Bohnenkraut* *Salz, Pfeffer*	Die Butter in einer Pfanne zerlassen, die gewürfelte Zwiebel darin glasig dünsten. Die Bohnen (a. d. Dose) hineingeben, mit Bohnenkraut, Salz und Pfeffer würzen und erhitzen.
Nachtisch:	**Pflaumenkompott**

Betthupferl:

150 g Zitroneneis
1 Glas Sekt
Zitronensaft
2 Eßl. Zucker
1 Zitronenscheibe
1 Maraschinokirsche

Zitronensorbet

Das Zitroneneis mit dem Sekt zu einer klumpenfreien Masse verrühren und mit Zitronensaft und Zucker abschmecken. Zuletzt wird mit einer Maraschinokirsche und einer Zitronenscheibe garniert.

Nährstoffgehalt pro Tag:

kcal =	kJ	Eiweiß	Fett	KH
2989	13 664	112,5 g	83,2 g	388,8 g

1. Frühstück:	Kaffee mit Milch und Zucker, 1 Scheibe Vollkornbrot, 1 Scheibe Knäckebrot, 2 Scheiben Zungenwurst.
2. Frühstück:	**Orangenflip** Rezept S. 23
Mittagessen: *250 g Kabeljaufilet* *1 Eßl. Worcestersauce* *1 Zitrone* *Salz, Pfeffer* *1 Eßl. Butter* *1 Zwiebel* *1 rote und 1 grüne Paprikaschote* *1 Tasse Weißwein* *2 Eßl. Tomatenketchup* *1 Teel. Basilikum*	**Fischfilet „Hesperia"** Das Kabeljaufilet mit der Worcestersauce und dem Saft der Zitrone beträufeln, danach salzen und pfeffern. Den Fisch in Alufolie wickeln und im vorgeheizten Backofen bei starker Hitze 20 Minuten garen. In der Zwischenzeit Butter in einer Pfanne erhitzen und die gewürfelte Zwiebel und die zerkleinerten Paprikaschoten darin dünsten. Nach kurzer Zeit mit Weißwein ablöschen und fertig garen. Zum Schluß das Tomatenketchup unterrühren, mit Basilikum, Salz und Pfeffer würzen. Das Gemüse über das angerichtete Fischfilet geben. Als Beilage gibt es 1 Portion Reis natur und einen Endiviensalat mit Italiandressing (S. 15).
Nachtisch:	**Aprikosenkompott**

Vesper: Kaffee mit Milch und Zucker und 1 Stück Obstkuchen.

Abendessen: **Bayerische Würstelpfanne**

2 Pellkartoffeln
1 Eßl. Butter
1 Zwiebel
1 Paar Wiener
1 Gewürzgurke
Salz, Pfeffer
1 Teel. Majoran
1 Ei
1 Bund Schnittlauch

Die in Würfel geschnittenen Pellkartoffeln werden in Butter angebraten. Sobald sie Farbe genommen haben, die gewürfelte Zwiebel, die in Scheiben geschnittenen Wiener Würstchen und die gewürfelte Gewürzgurke hinzufügen und etwa 10 Minuten mitbraten. Dann wird mit Salz, Pfeffer aus der Mühle und Majoran gewürzt. Vor dem Servieren belegt man die Würstelpfanne mit einem Spiegelei und bestreut mit gehacktem Schnittlauch.

Betthupferl: **Vitaminsalat**

Zubereitung S. 30

Nährstoffgehalt pro Tag:

kcal	= kJ	Eiweiß	Fett	KH
2937	12277	106 g	76,5 g	476,5 g

Farbfoto auf Seite 125

Bayerische Würstelpfanne
Rezept auf Seite 124

Hubertussuppe
Rezept auf Seite 131

1. Frühstück: Kaffee mit Milch und Zucker, 2 Brötchen, 30 g Honig, 30 g Marmelade, ¼ l Orangensaft mit 1 Eßl. Traubenzucker.

2. Frühstück: **Karottenrohkost**
Rezept S. 33

Mittagessen:
150 g magerer Schweinekamm
Salz, Pfeffer
1 Eßl. Wacholderbeeren
2 cl Wacholderschnaps
Lorbeerblätter

Wacholderspieß
Den Schweinekamm in sechs gleichmäßig große Stücke schneiden, salzen und pfeffern und mit zerstoßenen Wacholderbeeren einreiben. Abwechselnd das Fleisch und ein Lorbeerblatt auf einen Spieß stecken und in erhitztem Öl vorsichtig braten. Vor dem Servieren mit Wacholderschnaps flambieren.

1 Portion Salzkartoffeln und 2 Grilltomaten ergänzen die Mahlzeit.

Vesper: Kaffee mit Milch und Zucker, dazu gibt es 1 Stück Hefegebäck.

Abendessen:
150 g Geflügelfleisch
1 Apfel
2 Tomaten
1 Kästchen Kresse
100 g Champignons

Geflügelsalat

Das gebratene oder gekochte Geflügelfleisch in Stücke schneiden. Den Apfel schälen und wie die gehäuteten Tomaten entkernen und würfeln. Danach wird die Kresse verlesen. Alle Zutaten mit den in feine Scheiben geschnittenen Champignons vermischen, mit Zitronendressing (S. 24) übergießen und 10 Minuten im Kühlschrank ziehen lassen.

Zu dem Salat serviert man 2 Scheiben Toastbrot.

Betthupferl:

Frischobst

Zum Abschluß des Tages dürfen Sie sich noch einen Apfel, eine Birne und eine Banane gönnen, ohne damit Ihre Kalorien zu überschreiten.

Nährstoffgehalt pro Tag:

kcal	= kJ	Eiweiß	Fett	KH
3015	12603	87 g	77,6 g	475,5 g

1. Frühstück:	Kaffee mit Milch und Zucker, 1 Scheibe Weißbrot, 1 Brötchen, 30 g Honig, 30 g Marmelade.
2. Frühstück:	**Fruchtjoghurt** Rezept S. 21
Mittagessen: *150 g Schweinefleisch (Schulter)* *1 Teel. Mehl* *Salz, Pfeffer* *1 Eßl. Öl* *1 Zwiebel* *½ Tasse Bratensauce* *Pfirsichsaft* *½ Pfirsich* *½ Tasse saure Sahne* *1 Teel. Rosenpaprika* *½ Teel. Curry*	**Schweinepfanne „Baden-Baden"** Mehl mit Salz und Pfeffer aus der Mühle mischen. Das Schweinefleisch würfeln, in dem gewürzten Mehl wenden und in heißem Öl scharf anbraten. Die Zwiebel in Würfel schneiden und kurz mitbraten. Mit ½ Tasse Wasser ablöschen und mit der Bratensauce (Fertigprodukt) und etwas Pfirsichsaft auffüllen. Alles zugedeckt 20 Minuten schmoren lassen. Inzwischen die Pfirsichhälfte würfeln und mit der sauren Sahne zu dem Fleisch geben, dann mit Salz, Pfeffer aus der Mühle, Rosenpaprika und Curry abschmecken. Als Beilage gibt es 1 Portion Reis natur.
Vesper:	**Karottenrohkost** wie S. 33

Abendessen:
1 kleine Dose Spargelspitzen
Salz
Butter
3 Eier
1 Msp. Muskat
1 Eßl. gehackte Kräuter

Omelett mit Spargel

Die Spargelspitzen im eigenen Saft mit etwas Salz erhitzen, den Saft abgießen, das Gemüse kurz in ein wenig Butter schwenken und warm stellen. Nun die Eier mit Salz, Muskat und den gehackten Kräutern verschlagen. Etwas Butter in einer Pfanne heiß werden lassen, die Eimasse hineingeben und unter leichtem Rütteln zum Stocken bringen. (Vorsicht: Die Masse darf nicht am Pfannenboden haften bleiben!) Kurz vor Beendigung der Garzeit die Spargelspitzen auf die eine Hälfte des Omeletts geben und die andere darüberklappen.

Dazu ißt man 1 Brötchen, und als Vorspeise einen Teller Feinschmekkersuppe Sellerie mit Bierhefe aus dem Reformhaus.

Betthupferl:
2 Birnen
1 Zitrone
2 Eßl. Traubenzucker

Birnensalat

Die Birnen in kleine Stücke schneiden, mit Zitronensaft beträufeln und mit Traubenzucker süßen.

Nährstoffgehalt pro Tag:

kcal =	kJ	Eiweiß	Fett	KH
2995	12019	98 g	87,2 g	470,5 g

1. Frühstück:	Kaffee mit Milch und Zucker, 1 Scheibe Bauernbrot, 1 Scheibe Roggenbrot, 1 Portion Mettwurst, 1 Portion Frischkäse, ¼ l Orangensaft.
2. Frühstück:	**Sanddornbuttermilch** Rezept S. 101
Mittagessen: *150 g Wildfleisch vom Hirsch* *30 g Speck* *Salz, Pfeffer* *1 Zwiebel* *1 Tasse Rotwein* *1 Tasse Fleischbrühe* *1 Dose Linsen* *1 Eßl. Essig* *2 Eßl. saure Sahne* *1 Eßl. Schnittlauch* *Fett* *Zucker*	**Hubertussuppe** Den Speck in kleine Würfel schneiden und in einem Topf auslassen. Das Wildfleisch zerkleinern, salzen, pfeffern und in dem heißen Fett anbraten. Danach die kleingeschnittene Zwiebel zugeben und mitschwitzen lassen. Mit Rotwein ablöschen und mit Fleischbrühe auffüllen. 20 Minuten kochen lassen. Inzwischen die Hälfte der Linsen pürieren, die Suppe damit binden und die andere Hälfte als Einlage dazugeben. Mit Essig, Salz und Pfeffer aus der Mühle würzen und nach Geschmack mit Zucker verfeinern. Vor dem Servieren die saure Sahne auf die Suppe geben und mit feinen Schnittlauchröllchen bestreuen.
Nachtisch:	Apfelkompott
Vesper:	**Karottenrohkost** wie S. 33
	Farbfoto auf Seite 126

Abendessen:
150 g Filet
Pfeffer
2 Eßl. Öl
2 Knoblauchzehen
½ Teel. Salz
½ Teel. Paprikapulver
½ Teel. Kräuter der Provence

Filetsteak vom Rost

Das Filet auf beiden Seiten pfeffern und mit einer Mischung aus Öl, den mit Salz zerriebenen Knoblauchzehen, Paprika und den Kräutern während des Grillvorganges mehrmals bestreichen.

Dazu serviert man 1 Folienkartoffel wie auf S. 62 und einen Endiviensalat mit Joghurtdressing (S. 16).

Betthupferl:
1 große Banane
Eierlikör

Banane mit Eierlikör

Die Banane schälen, in Scheiben schneiden und mit Eierlikör übergossen zu Tisch bringen.

Nährstoffgehalt pro Tag:

kcal	= kJ	Eiweiß	Fett	KH
2989	13 294	122 g	74,5 g	403,5 g

1. Frühstück:

Tee mit Zitrone und Honig, 2 Scheiben Vollkornbrot, 1 Scheibe Emmentaler, 1 Ecke Schmelzkäse (20 %).

2. Frühstück:

150 g Quark
½ Tasse Milch
2 Orangen
2 Eßl. Traubenzucker

Orangenquark

Den Quark mit Milch und Traubenzucker glattrühren. Die Orangen schälen, filieren und unter die Quarkcreme heben.

Mittagessen:

1 Forelle à 200 g
1 Eßl. Tomatenketchup
1 Eßl. Honig
1 Msp. Paprika
1 Msp. Curry
½ Teel. Rosmarin
Majoran
Thymian
1 Knoblauchzehe
Salz, Essig
Zitronensaft

Kräuterforelle

Die Forelle säubern, waschen und auf jeder Seite zweimal schräg einschneiden. Aus Tomatenketchup, Honig, Paprika, Curry, Rosmarin, Majoran, Thymian, der zerdrückten Knoblauchzehe, Salz, einigen Tropfen Essig und etwas Zitronensaft eine Marinade rühren. Den Fisch damit auf beiden Seiten dick einstreichen, danach auf ein entsprechend großes Stück Alufolie legen, diese verschließen und im vorgeheizten Backofen 15–20 Minuten bei 220–250 Grad garen.

Zu der Forelle serviert man 1 Portion Salzkartoffeln und einen Kopfsalat mit Italiandressing (S. 15).

Vesper:

Kaffee mit Milch und Zucker, dazu gibt es 1 Stück Obstkuchen.

Abendessen:	**Scheiterhaufen mit Vanillesauce**
3 Brötchen *1 Apfel* *1 Eßl. Rosinen* *1 Eßl. gehobelte Mandeln* *1 Eßl. Marmelade* *⅛ l Milch* *1 Ei* *2 Eßl. Zucker* *Butter*	Die Brötchen in Scheiben schneiden und schichtweise in eine gebutterte Auflaufform legen. Auf jede Schicht gibt man einen Teil folgender Masse, bestehend aus: kleingeschnittenem Apfel, Rosinen, Mandeln und Marmelade. Die oberste Schicht muß aus Brötchen bestehen. Nun die Milch mit Eischnee, Eigelb und Zucker vorsichtig verrühren und über die Brötchen gießen, mit Butterflocken bedecken und im vorgeheizten Backofen bei 180 Grad 30 Minuten backen. Vor dem Servieren mit heißer Vanillesauce übergießen.
Betthupferl:	**Frischobst** 1 Apfel und 1 Birne.

Nährstoffgehalt pro Tag:

kcal =	kJ	Eiweiß	Fett	KH
3003	12 554	120 g	81,3 g	423,7 g

1. Frühstück:

Kaffee mit Milch und Zucker, 1 Brötchen, 1 Scheibe Weißbrot, 25 g Butter, 30 g Honig, 30 g Marmelade.

2. Frühstück:

Himbeer-Honigjoghurt

Zubereitung wie S. 65

Mittagessen:

200 g Rinderherz
Salz, Pfeffer
Butter
1 Zwiebel
1 Karotte
50 g Sellerie
⅛ l Fleischbrühe
1 Eßl. Mehl
½ Tasse Sahne
½ Zitrone
Worcestersauce
Muskatnuß

Gedünstetes Rinderherz

Das Rinderherz von Fett, Sehnen, Häuten, Adern und Blutresten befreien. Mit Salz und Pfeffer aus der Mühle würzen und in Butter von allen Seiten anbraten. Die gewürfelte Zwiebel, die in Scheiben geschnittene Karotte und den kleingeschnittenen Sellerie hinzufügen und 5 Minuten mitdünsten. Einen Teil der Fleischbrühe angießen und das Herz im geschlossenen Topf 35 Minuten weiterschmoren. Dann das Fleisch herausnehmen und warm stellen. Das Mehl mit etwas kaltem Wasser verrühren, den Bratensatz mit der restlichen Brühe und der Sahne auffüllen, aufkochen lassen und mit dem Mehl binden. Zuletzt mit Zitronensaft, einem Spritzer Worcestersauce, gemahlener Muskatnuß, Salz und Pfeffer aus der Mühle würzen.

Dazu serviert man je 1 Portion Champignons und Salzkartoffeln.

Vesper:

Kaffee mit Milch und Zucker, dazu 1 Hefestückchen mit Zuckerguß.

Abendessen:

1 Kopf Salat
1 Stange Lauch
3 Karotten
1 rote und
1 grüne Paprikaschote
200 g Champignons
3 Tomaten
Joghurtdressing

Guten-Abend-Salat

Salat, Lauch, Karotten, Paprikaschoten und Champignons putzen und waschen. Salat, Lauch und Paprika in dünne Streifen schneiden, die Karotten grob raspeln. Die Pilze in Scheiben schneiden, die Tomaten enthäuten, entkernen und in Streifen schneiden. Alle Salatzutaten gut miteinander vermengen, mit Joghurtdressing (S. 16) übergießen und servieren.

Betthupferl:

¼ l Orangensaft, 1 Scheibe Bauernbrot mit Butter und 1 Tomate.

Nährstoffgehalt pro Tag:

kcal =	kJ	Eiweiß	Fett	KH
2998	12 532	93,7 g	83,1 g	470,9 g

1. Frühstück:	Kaffee mit Milch und Zucker, 2 Brötchen, 30 g Honig, 30 g Marmelade.
2. Frühstück:	1 Teller italienische Gemüsesuppe.
Mittagessen: *200 g Tafelspitz Sternrose/Rind* *½ Stange Lauch* *½ Karotte* *¼ Sellerie-knolle* *½ Zwiebel* *25 g Butter* *3 Eßl. Mehl* *½ Tasse Weißwein* *½ Tasse Sud vom Tafelspitz* *1 Eßl. Meerrettich* *1 Msp. Salz* *1 Msp. Zucker* *Zitronensaft* *1 Eßl. gehackte Kräuter*	**Kaiserlicher Tafelspitz** Das geputzte, gewaschene Gemüse in einem Liter Wasser zum Kochen bringen. Die angebräunte Zwiebel mit dem Fleisch in die Flüssigkeit geben und bei schwacher Hitze in 45 Minuten (evtl. bis zu einer Stunde) gar köcheln lassen. Für die Sauce die Butter zerlassen, mit dem Mehl binden und kalt stellen. Nun Weißwein und Tafelspitzsud erhitzen, mit der Mehlbutter verrühren, mit einem Schneebesen durchschlagen und köcheln lassen. Mit Meerrettich, Salz, Zucker und einigen Spritzern Zitronensaft würzen. Die Sauce über das Fleisch geben und mit den gehackten Kräutern bestreuen. Zu dem Fleisch reicht man 1 Portion Salzkartoffeln.
Vesper:	¼ l Orangensaft mit 1 Eßl. Traubenzucker und 1 Scheibe Vollkornbrot mit Frischkäse.

Abendessen:
1 Kalbsleberschnitte à 150 g
½ Teel. grüner Pfeffer
1 Banane
½ Zitrone

Gefüllte Kalbsleber

Mit einem spitzen Messer eine Tasche in die Leberschnitte schneiden, die man mit zerdrückten, grünen Pfefferkörnern ausstreicht. Die Banane in Scheiben schneiden, mit dem Zitronensaft marinieren und in die Leber füllen. Die Tasche mit 2 Zahnstochern schließen und auf dem Grill oder in der Pfanne auf jeder Seite 3 Minuten garen.

Dazu gibt es 1 Portion Kartoffelschnee (S. 37), den man direkt auf den Teller streicht und einen Kopfsalat mit Zitronendressing (S. 24).

Betthupferl: 1 Apfel, 1 Banane, 1 Birne.

Nährstoffgehalt pro Tag:

kcal =	kJ	Eiweiß	Fett	KH
3000	12 160	104,4 g	75,2 g	442,3 g

1. Frühstück:

Kaffee mit Milch und Zucker, Honig-Cornflakes (S. 23), 1 Scheibe Bauernbrot, 1 Scheibe Leinsamenbrot, 1 Portion feine Leberwurst, 1 Portion Schmelzkäse.

2. Frühstück:

Fruchtjoghurt
Zubereitung wie S. 21

Mittagessen:

100 g Hackfleisch
1 Zwiebel
1 Ei
½ Brötchen
Salz, Pfeffer
3 Tomaten
1 Paprikaschote
Mehl

Gefüllte Paprikaschote
Hackfleisch, feingehackte Zwiebel, Ei und Brötchen, das man vorher in Wasser eingeweicht und ausgedrückt hat, mit Salz und Pfeffer aus der Mühle würzen, gut vermischen und einen geschmeidigen Fleischteig herstellen. Tomaten enthäuten, zerschneiden, ohne Wasser weichdünsten und pürieren. Mit etwas heißem Wasser auffüllen und die am Stielende aufgeschnittene, geputzte, gewaschene und mit der Hackfleischmasse gefüllte Paprikaschote hineinlegen und 30 Minuten garen. Die Sauce mit etwas Mehl binden und abschmecken.

Dazu serviert man 1 Portion Reis, als Vorspeise einen Teller Feinschmekkersuppe Zwiebel mit Bierhefe.

Vesper:

Kaffee mit Milch und Zucker, dazu 1 Stück Biskuitrolle mit Zitronencreme.

Abendessen:

1 Steak (150 g)
Salz, Pfeffer
1 Eßl. Butter

Steak natur vom Grill

Butter in einer Pfanne erhitzen, das Fleisch nach Geschmack braten und mit Salz und Pfeffer würzen.

Dazu serviert man 1 Folienkartoffel (S. 62) und 2 Grilltomaten.

Betthupferl:

2 Äpfel
1 Zitrone
1 kleine Dose Mandarinen
2 Eßl. Honig
2 cl Orangenlikör

Apfelsalat mit Orangenlikör

Äpfel waschen, schälen, vierteln, entkernen und würfeln, mit dcm Zitronensaft beträufeln und mit Mandarinenspalten, Honig und Orangenlikör vermischen.

Nährstoffgehalt pro Tag:

kcal	= kJ	Eiweiß	Fett	KH
2993	12510	110,4 g	66,7 g	462 g

1. Frühstück:

Kaffee mit Milch und Zucker, 2 Scheiben Vollkornbrot, 1 Portion feine Leberwurst, 1 Ecke Schmelzkäse (20 %).

2. Frühstück:

1 Teller Feinschmeckersuppe Tomate mit Bierhefe aus dem Reformhaus.

Mittagessen:

60 g mageres Schweinefleisch
60 g Leber
1 Paprikaschote
½ Zwiebel
1 Eßl. Öl
½ Apfel
1 Eßl. Rosinen
1 Teel. Curry
½ Tasse helle Instantsauce
1 Eßl. Sahne
Salz, Pfeffer

Schaschlik mit Curryrahmsauce

Schweinefleisch und Leber in Stücke schneiden, Paprikaschote und Zwiebel ebenfalls. Alles salzen, pfeffern, abwechselnd auf einen Spieß stecken und in Öl garen, dann herausnehmen und warm stellen. Den gewürfelten Apfel und die Rosinen in der Pfanne andünsten, mit Curry bestäuben und sofort mit der Instantsauce auffüllen, abschmecken und mit Sahne verfeinern. Die Sauce über das angerichtete Schaschlik geben.

Die Mahlzeit wird mit einer Portion Reis natur und einem Kopfsalat in Italiandressing ergänzt (S. 15).

Vesper:

2 säuerliche Äpfel
2 Eßl. Traubenzucker

Apfelsalat einfach

Die Äpfel schälen, vierteln, in dünne Scheiben schneiden und mit Traubenzucker süßen.

Farbfoto auf Seite 143

Abendessen:

1 Heilbutt-schnitte à 150 g
Salz, Pfeffer
1 Eßl. Zitronensaft
Öl

Heilbutt vom Rost

Den Fisch mit Zitronensaft beträufeln, salzen und pfeffern und 10 Minuten ruhen lassen. Danach leicht mit Öl bepinseln und auf dem Grill garen.

Dazu serviert man eine große Salatplatte mit Zitronendressing wie auf Seite 16.

Betthupferl:

Vitaminsalat

Zubereitung wie auf S. 30

Nährstoffgehalt pro Tag:

kcal =	kJ	Eiweiß	Fett	KH
3013	12594	99,2 g	74,8 g	466,4 g

Schaschlik mit Curryrahmsauce
Rezept auf Seite 141

Vitaminsalat
Rezept auf Seite 30

1. Frühstück:	Kaffee mit Milch und Zucker, 1 Scheibe Bauernbrot, 1 Scheibe Roggenbrot, 1 Portion Mettwurst, 1 Portion Frischkäse, ¼ l Orangensaft mit 2 Eßl. Traubenzucker.
2. Frühstück:	**Pfirsichjoghurt** Zubereitung S. 120
Mittagessen: *100 g gemischtes Hackfleisch* *1 Zwiebel* *1 Eßl. Tomatenmark* *¼ l Fleischbrühe* *150 g Suppengemüse* *30 g Krausbandnudeln* *Salz, Pfeffer* *½ Teel. Paprikapulver*	**Nudeleintopf** Das Öl in einem Topf erhitzen, das Hackfleisch und die geschnittene Zwiebel hinzufügen und beides anbraten. Danach gibt man das Tomatenmark hinein, verrührt gut und füllt mit Fleischbrühe auf. Nun das Suppengemüse (Tiefkühlkost) dazugeben und ca. 20 Minuten dünsten lassen. Inzwischen die in Salzwasser gegarten Nudeln abspülen, abtropfen lassen und in den Topf geben, gut umrühren und mit Salz, Pfeffer und Paprika abschmecken.
Vesper:	Tee mit Zitrone und Honig, dazu 1 Stück Obsttorte nach Belieben.

Abendessen:
100 g Krabben
100 g Nudeln (Hörnchen)
100 g frische Champignons
2 Tomaten
2 Scheiben Ananas
Joghurtdressing

Krabbensalat
Die Champignons putzen, waschen und in Scheiben schneiden, Tomaten enthäuten, entkernen und in Streifen schneiden, zuletzt die Ananas zerkleinern. Alle Zutaten in eine Schüssel füllen, die gekochten Hörnchen (nicht zu weich) hinzufügen und vermischen. Den Salat mit Joghurtdressing anmachen und etwa ½ Stunde ziehen lassen.

Joghurtdressing
Rezept auf Seite 16

Betthupferl:

Fruchtcocktail
Zubereitung wie S. 62

Nährstoffgehalt pro Tag:

kcal	= kJ	Eiweiß	Fett	KH
3083	12 887	103,4 g	76,6 g	470,4 g

1. Frühstück:	Kaffee mit Milch und Zucker, 2 Scheiben Vollkornbrot, 2 Scheiben Zungenwurst.
2. Frühstück: *150 g Sauerkraut* *3 Scheiben Ananas*	**Ananaskraut** Das rohe Sauerkraut etwas zerkleinern und mit der kleingeschnittenen Ananas vermischen.
Mittagessen: *1 Kalbsschnitzel à 150 g* *1 Eßl. Öl* *½ Tasse Bratensauce* *½ Tasse Sahne* *1 Eßl. Paprikapulver* *Salz, Pfeffer*	**Paprikaschnitzel** Öl in einer Pfanne erhitzen, das Kalbsschnitzel salzen und pfeffern und von beiden Seiten braten. Herausnehmen und warm stellen. Nun die Bratensauce (Fertigprodukt) und die Sahne in die Pfanne geben, mit Paprika, Salz und Pfeffer aus der Mühle würzen und einkochen lassen. Die Sauce über das angerichtete Fleisch geben. Zu dem Schnitzel gibt es 1 Portion Spätzle und einen Kopfsalat mit Joghurtdressing, wie auf S. 16.
Vesper:	**Sportlercocktail** Rezept S. 32

Abendessen:
150 g Zanderfilet
Salz, Pfeffer
Worcestersauce
1 Zitrone
100 g Champignons
2 Tomaten
Butter
1 Eßl. gehackte Petersilie

Zander in der Folie

Das Fischfilet salzen und pfeffern, mit Worcestersauce und Zitronensaft beträufeln. Die Pilze putzen, waschen und in Scheiben schneiden. Die Tomaten enthäuten, entkernen und in Streifen schneiden. Nun das Zanderfilet auf ein entsprechendes Stück Alufolie geben, die Champignons und die Tomaten darauf verteilen, mit Butterflöckchen bedecken und mit gehackter Petersilie bestreuen. Die Folie gut verschließen und den Fisch im Ofen bei 200 Grad 15 Minuten garen.

1 Portion Reis ergänzt die Mahlzeit.

Nachtisch:

Fruchteis

Betthupferl:
1 Apfel
1 Orange
125 g Ananas
2 Eßl. Traubenzucker
2 cl Maraschino

Obstsalat

Die Früchte zerkleinern, mit Traubenzucker süßen und mit Maraschino aromatisieren.

Nährstoffgehalt pro Tag:

kcal =	kJ	Eiweiß	Fett	KH
3007	12568	112,5 g	71,2 g	460 g

Die Regelung des individuellen Kalorienbedarfs

Die Berechnung des jeweiligen Joules- oder Kalorienbedarfes muß jeder Sportler unter Berücksichtigung seines Eigengewichtes vornehmen. Die in diesem Buch aufgeführten Ernährungspläne gehen von einem durchschnittlichen Körpergewicht von 70 kg aus. Wiegt ein Sportler mehr, ist bei 0,7 kg Mehrgewicht 1 % des Joules- oder Kalorienwertes hinzuzurechnen, wiegt er weniger, ist der entsprechende Wert abzuziehen.

Beispiel: Tagesbedarf eines Schnellkraftsportlers bei

70 kg Körpergewicht	= 4 500 Kalorien	= 100 %
	= 18 450 Joules	= 100 %
Zusätzlicher Tagesbedarf bei 77 kg Körpergewicht		
	= 450 Kalorien	= 10 %
	= 1 845 Joules	= 10 %
Gesamtbedarf	= 4 950 Kalorien	= 110 %
	= 20 295 Joules	= 110 %

Dieser Mehrbedarf kann aus den nachstehenden Kalorienblöcken gedeckt werden. Ein Sportler mit weniger Gewicht sollte anhand einer Tabelle errechnen, welche Mahlzeiten er weglassen muß.

150 Kalorien-Block

⅛ l roter Johannisbeersaft
3 Bl. Gelatine
125 g rote Johannisbeeren

Johannisbeergrütze

Den Saft erhitzen und die wie üblich behandelte Gelatine darin auflösen. Die Beeren dazugeben und alles mit Eiweißkonzentrat verrühren. Die Grütze in eine Glasschale füllen und im Kühlschrank fest werden lassen.

kcal	= kJ	Eiweiß	Fett	KH
150	627	11 g	–	25 g

1 Scheibe Knäckebrot
Butter
1 Scheibe Corned-beef
1 Tomate
1 Zwiebel
1 Eßl. gehackter Schnittlauch

Krafthappen

Das Knäckebrot dünn mit Butter bestreichen, mit dem Corned-beef und einer in Scheiben geschnittenen Tomate belegen. Mit der gehackten Zwiebel und den Schnittlauchröllchen bestreuen.

kcal	= kJ	Eiweiß	Fett	KH
155	648	13 g	2 g	–

300 Kalorien-Block

Toast „Hawai"

1 Scheibe Toastbrot
Butter
1 Scheibe gekochter Schinken
1 Scheibe Ananas
1 Scheibe Edamer Käse

Die Scheibe Toastbrot dünn mit Butter bestreichen, mit Schinken, Ananas und dem Käse belegen und unter dem vorgeheizten Grill überbacken.

kcal =	kJ	Eiweiß	Fett	KH
305	1275	16 g	13 g	24 g

Erdbeershake

¼ l fettarme Milch
125 g Erdbeeren
1 Eßl. Traubenzucker
1 Eßl. Eiweißkonzentrat

Milch, Erdbeeren, Traubenzucker und Eiweißkonzentrat gut verschlagen und sofort trinken.

kcal =	kJ	Eiweiß	Fett	KH
296	1237	19 g	4 g	42 g

Mocca-Joghurt

1 Becher Joghurt
1 Teel. Pulverkaffee
1 Teel. Eiweißkonzentrat
2 Eßl. Traubenzucker

Alle Zutaten kräftig miteinander verrühren und sofort trinken.

kcal =	kJ	Eiweiß	Fett	KH
300	1254	12 g	7 g	48 g

Herrenbrot

100 g Tatar
1 Eßl. Tomatenketchup
1 Eßl. Meerrettich
Salz, Pfeffer
1 Scheibe Bauernbrot
1 Zwiebel
1 Essiggurke
Schnittlauch

Das Tatar mit Ketchup und Meerrettich gut vermischen, mit Salz und Pfeffer aus der Mühle würzen, auf das Bauernbrot streichen und mit gehackter Zwiebel, Essiggurke und Schnittlauch bestreuen.

kcal	= kJ	Eiweiß	Fett	KH
300	1254	25 g	6 g	34 g

Kräuterschote

150 g Quark (20 %)
½ Tasse Milch
1 Zwiebel
1 Eßl. frische Kräuter
Salz, Pfeffer
1 Msp. gemahlener Kümmel
1 Paprikaschote

Den Quark mit der Milch glattrühren, gehackte Zwiebel und Kräuter unterziehen. Mit Salz, Pfeffer aus der Mühle und dem Kümmel würzen. Die Paprikaschote wie gewohnt vorbereiten, vorher einen Deckel am Stielende abschneiden. Die Schote mit dem Quark füllen, in Scheiben schneiden und servieren.

kcal	= kJ	Eiweiß	Fett	KH
301	1258	30,5 g	3,6 g	18,7 g

450 Kalorien-Block

Kräuterei

½ Becher saure Sahne
2 Eier
1 Eßl. Tomatenketchup
1 Eßl. Bierhefeflocken
Salz, Pfeffer
Muskat
2 Eßl. frische Kräuter

Die Sahne (18 %) mit Eiern, Tomatenketchup und Bierhefeflocken verschlagen, mit Salz, Pfeffer und Muskat würzen und mit den gehackten Kräutern verfeinern. Die Masse in eine feuerfeste Form füllen und im Wasserbad stocken lassen.

kcal =	kJ	Eiweiß	Fett	KH
450	1881	22 g	30 g	13,5 g

Sellerie-Karotten-Rohkost

200 g Karotten
2 Äpfel
200 g Sellerie
1 Zitrone
1 Teel. Öl
1 Eßl. Traubenzucker
1 Teel. Eiweißkonzentrat

Die Karotten putzen, die Äpfel schälen, vierteln, entkernen, den Sellerie schälen und waschen. Alle Zutaten raspeln und mit dem Zitronensaft vermischen. Danach Öl, Traubenzucker und Eiweißkonzentrat hinzugeben und nochmals gut vermengen.

kcal =	kJ	Eiweiß	Fett	KH
450	1881	11 g	5 g	90 g

Rezeptverzeichnis